Heike Knophius

Raffiniert und preiswert

Kochen mit ALDI für Kinder

Neue Rezeptideen für Kinder nur mit ALDI-Produkten

Mit Preisangaben, Nährwerten und Einkaufslisten

W0180076

Südwest

Inhalt

Bei Kindern isst das Auge immer mit – eine originelle Garnierung wirkt oft Wunder.

*Mit phantasie-
vollen Kuchen
wie der Neger-
kusstorte werden
Sie auf jedem
Kindergeburtstag
Begeisterungs-
stürme wecken.*

Mit ALDI für Kinder kochen

In diesem Buch finden Sie abwechslungsreiche Gerichte für die ganze Familie – angefangen mit dem Frühstück über Mitnehmmahlzeiten, herzhafte und süße Hauptgerichte und Snacks für den kleinen Hunger zwischendurch bis hin zum Abendessen. Dazu gibt es jede Menge Tips und Anregungen, wie Kinderfeste ohne großen Aufwand garantiert gelingen. Außerdem werden Sie feststellen, dass man nicht unbedingt viel Geld ausgeben muss, um seine Familie gut und ernährungsphysiologisch ausgewogen zu ernähren. Denn bei ALDI finden Sie eine große Auswahl an Nahrungsmitteln, die preiswert sind und mit denen Sie immer wieder neue und altbewährte Gerichte auf den Tisch bringen können.

Essen im Kreis der Familie

Nehmen Sie sich Zeit fürs gemeinsame Essen. Egal ob morgens oder abends, mindestens einmal am Tag sollte die ganze Familie zusammen am Tisch sitzen. Nur so erfahren Sie etwas über die Alltagsprobleme Ihrer Kinder und können rechtzeitig handeln, wenn es Probleme in der Schule oder mit Freunden gibt. Dazu gehört übrigens auch ein liebevoll gedeckter Tisch und ansprechendes Geschirr. Nicht umsonst finden viele wichtige Gespräche in der Politik und in der Wirtschaft bei einem ausgiebigen Essen statt. Denn ein gutes Essen fördert bekanntermaßen die Kommunikation und sorgt für eine entspannte Atmosphäre.

Eine gute und ausgewogene Ernährung muss nicht teuer sein. Entscheidend ist, wo Sie einkaufen und wie Sie die Zutaten verwerten.

Wo kauft man am besten ein?

Am besten kaufen Sie in einem Fachmarkt ein, bei dem das Preis-Leistungs-Verhältnis stimmt. So ein Fachmarkt ist beispielsweise ALDI. Hier können Sie sicher sein, dass das angebotene Obst und Gemüse auch tatsächlich frisch ist. Denn in der Regel wird immer nur so viel Frischware bestellt, wie innerhalb kürzester Zeit, d. h. in durchschnittlich zwei bis drei Tagen, verkauft werden kann. Dies gilt übrigens auch für Brot und Milchfrischprodukte.

Achten Sie darauf, dass das Preis-Leistungs-Verhältnis und die Qualität der Produkte stimmen – Gutes muss nicht unbedingt teuer sein.

Qualität zu günstigen Preisen

Darüber hinaus handelt es sich bei den meisten anderen angebotenen Nahrungsmitteln um Markenprodukte, die bei ALDI nur unter einem anderen Handelsnamen angeboten werden. Und während Untersuchungen zufolge der hohe Preis eines Produkts nicht unbedingt eine besonders gute Qualität garantiert, haben die günstigen ALDI-Produkte bei so genannten Blindtests schon des Öfteren beste Noten erhalten.

Abgepackte Ware – besser als ihr Ruf

Weit verbreitet ist das Vorurteil, dass abgepackte Ware, wie sie bei ALDI verkauft wird, weniger frisch ist. Dabei wird auch an den Fleisch- und Käsetheken der Supermärkte häufig Ware aus größeren, in Folie eingeschweißten Verpackungseinheiten angeboten. Das Verpackungsmaterial wird natürlich nicht direkt vor den Augen des Verbrauchers entfernt. Und so assoziieren wir dann angesichts der in der Theke präsentierten Lebensmittel Frische, obwohl es sich genau genommen auch um abgepackte Ware handelt. Solche und ähnliche Beispiele lassen sich beliebig fortsetzen.

Wie ernährt man Kinder richtig?

Um Kinder richtig zu ernähren, müssen Sie kein Ernährungsspezialist sein. Wenn Sie sich an ein paar Grundregeln halten, können Sie eigentlich nichts falsch machen.

Grundregel 1

Sorgen Sie dafür, dass Ihr Kind regelmäßig isst, aber zwingen Sie es nicht dazu. Wenn Ihr Kind eine Abneigung gegen bestimmte Gerichte hat, dann sollten Sie darauf Rücksicht nehmen und es keinesfalls bestrafen, wenn es seinen Teller nicht leer isst.

Grundregel 2

Achten Sie darauf, dass Ihr Kind regelmäßig frisches Obst und Gemüse isst und Milch trinkt. Ab und zu genügen schon ein paar Tricks, um es vom guten Geschmack dieser Nahrungsmittel zu überzeugen. Lassen Sie Ihr Kind beispielsweise Erdbeeren oder Fruchtstückchen in gesüßten Quark und Gemüsestreifen in Kräuterquark dippen. Zaubern Sie mit Milch immer wieder neue Milchmixgetränke, oder bereiten Sie damit Kakao und Flammeris zu.

Grundregel 3

Versuchen Sie nicht, Ihrem Kind Süßigkeiten zu verbieten, damit erreichen Sie nur das Gegenteil. Sorgen Sie jedoch dafür, dass der Verzehr nicht überhand nimmt und dass Ihr Kind sich anschließend die Zähne putzt. Bieten Sie ihm als gesunde Alternative Joghurt mit Früchten, Früchtequark oder ein Stück selbst gebackenen Kuchen an. Setzen Sie Süßigkeiten auf keinen Fall als Belohnung, etwa für gemachte Hausaufgaben, ein.

Sie sollten Kindern gegenüber auch nicht unbedingt mit dem gesundheitlichen Wert eines Nahrungsmittels argumentieren, denn das verstehen sie möglicherweise noch nicht.

Grundregel 4

Achten Sie darauf, dass Ihr Kind genügend trinkt. Denn nicht nur beim Spielen und Herumtoben verliert es Flüssigkeit. Einen Teil davon erhält es über wasserhaltige Nahrungsmittel wie Obst und Gemüse zurück. Der restliche Bedarf sollte durch Milch, Buttermilch, Früchtetees sowie mit Wasser verdünnte Obst- und Gemüsesäfte gedeckt werden. Colagetränke, Limonade und Fruchtnektare sind ungeeignet, da sie viel Zucker enthalten und nicht durstlöschend sind.

Kinder müssen in regelmäßigen Abständen etwas essen, damit sie leistungsfähig bleiben und sich den ganzen Tag über fit fühlen.

Wie häufig sollten Kinder essen?

Generell benötigen Kinder fünf Mahlzeiten pro Tag. Die wichtigste Mahlzeit ist das Frühstück, denn nur wenn Kinder morgens frühstücken, können neue Energievorräte angelegt werden. So genannte Morgenmuffel sollten wenigstens eine Tasse heiße Schokolade trinken und ein üppiges Pausenfrühstück mitnehmen. Unabhängig davon gehört eine Mitnehmmahlzeit in jede Schultasche. Mittags sollte ein warmes Gericht und abends eine kalte Mahlzeit gereicht werden. Genau wie bei Erwachsenen schwankt auch bei Kindern der Appetit. An einem Tag essen sie mehr, am nächsten weniger. Dies ist jedoch kein Grund zur Beunruhigung. Wenn Kinder sportlich aktiv sind, benötigen sie nachmittags einen kleinen Snack – ein Stück Obst beispielsweise, ein belegtes Brot oder ein Milchmixgetränk mit Früchten. Kindern, die beim Spielen gerne die Zeit vergessen, sollte man einen Powersnack mitgeben. Das kann in diesem speziellen Fall ruhig auch ein Müsliriegel oder eine Nussmischung mit Rosinen sein.

Große Partys für kleine Leute

Kinder feiern mindestens genauso gerne wie Erwachsene. Nur dass es dabei in der Regel etwas wilder zugeht. Einmal im Jahr steht der obligatorische Kindergeburtstag an. Wenn Sie ihn jedoch entsprechend organisieren, besteht kein Grund zur Panik.

Einladungen

Setzen Sie sich mit Ihrem Kind rechtzeitig zusammen, und machen Sie eine Gästeliste. Legen Sie je nach der Größe Ihrer Wohnung die Anzahl der eingeladenen Kinder fest – mehr als zehn sind fast nicht in den Griff zu bekommen. Versenden Sie spätestens eine Woche vor dem großen Ereignis die Einladungen. Neben dem Datum und dem genauen Beginn sollten Sie auch das Ende des Festes angeben, damit die Kinder pünktlich von ihren Eltern abgeholt werden können.

Kinder wollen wie kleine Erwachsene behandelt werden. Beziehen Sie daher Ihr Kind bei der Vorbereitung seiner Geburtstagsfeier mit ein.

Besonders beliebt sind Kinderfeste, die unter einem Motto stehen. Die kleinen Gäste müssen verkleidet erscheinen – wie hier als Piraten.

Überraschungen

Neben Spielen und Süßigkeiten gehören vor allem viele Überraschungen zu einem richtigen Kindergeburtstag. Verzichten Sie auf den obligatorischen Geburtstagstisch, und hängen Sie die Geschenke zur Abwechslung an einen Geburtstagsbaum. Dafür eignet sich beispielsweise ein tragbarer Kleiderständer. Morgens können Sie die Geschenke für Ihr Kind, nachmittags die Gewinne und Süßigkeiten für die kleinen Gäste daran hängen. Schmücken Sie ihn zusätzlich mit bunten Bändern und Luftballons. Wenn Sie einen Garten besitzen, können Sie Sträucher und Bäume schmücken und in ein Märchenland verwandeln.

Vergessen Sie bei der Vorbereitung des Geburtstagsbüffets eines nicht: Gerade Kinder essen mit den Augen. Ein Möhrenstern, ein Klecks Sahne oder eine Kirschtomate als Garnierung wirken oft Wunder.

Kuchenschlacht

Wenn Kinder feiern, gibt es leicht Scherben. Verzichten Sie daher auf zerbrechliches Geschirr und edle Tischdecken. Ein großes Stück Lackfolie, mit farbigen Streifen oder Punkten aus selbst klebender Folie versehen, sieht fröhlich aus und verträgt jede Menge Flecken. Beides bekommen Sie in Dekogeschäften. Preiswertes Plastik- oder Pappgeschirr und Pappbecher sind in jedem Kaufhaus erhältlich. Denken Sie auch an einen Stapel Papierservietten für klebrige Hände und kleinere Notfälle – im Eifer des Gefechts kippt schnell einmal ein Becher um.

Spiele und Preise

Damit es hinterher keine Tränen gibt, sollten alle Kinder in etwa gleich viele Preise bekommen. Am besten halten Sie auch ein paar Trostpreise bereit. Versuchen Sie eine Mischung aus Spielen zu finden, die einerseits das natürliche Bewegungsbedürfnis von Kindern befriedigt, andererseits aber auch wieder Ruhe einkehren lässt. Letzteres erreichen Sie vor allem mit Geduldsspielen. Besorgen Sie dafür z. B. Minipuzzles, oder backen Sie für jedes Kind einen kleinen Kuchen, den es selbst mit Zuckerguss und Liebesperlen dekorieren und nach der Feier mit nach Hause nehmen darf.

Kleidung

Vermerken Sie bereits auf der Einladung, dass die kleinen Gäste ganz normal gekleidet erscheinen sollen. Denn Schokoladen-, Kakaoflecken und ähnliche Katastrophen gehören nun mal zu einem Kindergeburtstag, an dem getobt, gealbert und geblödelt wird, wenn die Stimmung ihren Höhepunkt erreicht.

Geburtstagscheckliste

● Setzen Sie sich mit Ihrem Kind zwei Wochen vor dem Geburtstag zusammen, und legen Sie fest, wen es einladen möchte. Denken Sie dabei an die räumlichen Möglichkeiten. Und sorgen Sie für ein ausgewogenes Verhältnis von Jungen und Mädchen, damit keine Spannungen aufkommen. Wenn es ums Spielen geht, haben beide ganz unterschiedliche Interessen.

● Verschicken Sie eine Woche vor dem Geburtstag die Einladungen mit der Bitte um Antwort. Vermerken Sie darauf, wann die Kinder abgeholt werden sollen.

● Legen Sie mit Ihrem Kind zu diesem Zeitpunkt auch fest, was es zu essen und welche Preise es geben soll.

● Kaufen Sie die benötigten Zutaten möglichst zwei Tage vor dem großen Ereignis ein. Fertigen Sie dafür eine eigene Einkaufsliste an. Kombinieren Sie diesen Einkauf nicht mit einem normalen Besuch im Supermarkt, damit Sie keine wichtigen Zutaten vergessen.

● Backen Sie einen Tag vor dem Geburtstag den oder die Kuchen, und bereiten Sie möglichst alles fürs Essen vor.

Frühstück

Um Kindern einen guten Start in den Tag zu ermöglichen, sollten Sie darauf achten, dass genug Zeit für ein ausgiebiges Frühstück vorhanden ist. Damit kein zusätzlicher Stress entsteht, kann man den Tisch bereits am Vorabend decken und morgens nur noch die Dinge darauf stellen, die im Kühlschrank aufbewahrt werden müssen. Ideal sind Müslis, da sie alle Nährstoffe liefern, die Ihr Kind mit Energie versorgen und fürs Wachstum wichtig sind. Zudem kann man sie immer wieder neu variieren. Wenn Kinder morgens lieber ein Brot mit Konfitüre, Käse oder Wurst essen, ist es besser, anstelle von Weißbrot kerniges Vollkornbrot zu nehmen. Es sättigt länger und enthält Ballaststoffe, die für eine geregelte Verdauung benötigt werden. Als Getränk sollte man Kindern zum Frühstück Milch, Kakao oder Früchtetee servieren: Kaffee ist nicht für sie geeignet.

Für kleine Morgenmuffel

Für Kinder, die morgens nur schwer aus dem Bett kommen und keinen Appetit haben, bietet sich ein großer Becher heiße Schokolade mit Milch und einem großen Klecks geschlagener Sahne als nahrhafte Alternative an. Die Mitnehmmahlzeit darf dann ruhig üppig ausfallen. Entsprechende Vorschläge und Anregungen finden Sie im Kapitel »Zum Mitnehmen« (siehe Seite 21ff.). Damit Ihr Kind seine Pausenmahlzeit auch tatsächlich isst, sollten Sie es fragen, was es denn gerne als Belag auf sein Sandwich haben möchte. Geben Sie Ihrem Kind auch ein Stück Obst mit, beispielsweise eine Banane.

Alle Preisangaben bei den Rezepten in diesem Buch beziehen sich auf die Gesamtkosten für das ganze Gericht.

Porridge mit Apfelkompott

Preis:
ca. 0,99 DM

Zutaten für 2 Kinder
1/2 l H-Milch • Salz • 70 g Haferflocken • 1/2 Glas Apfel-
kompott mit Stücken

Porridge ist ein klassisches englisches Frühstücksgericht, das nicht nur bei Kindern beliebt ist. Traditionell wird es mit Sahne und Zucker serviert.

1 Die Milch mit 1 Prise Salz aufkochen. Dann die Haferflocken hinzufügen und bei geringer Hitze ca. 10 Minuten quellen lassen.

2 Den Porridge in 2 Suppenteller verteilen, das Apfelkompott separat in Schälchen anrichten und dazu servieren.

TIPP Vor dem Servieren können Sie den Porridge zusätzlich mit Zimtzucker bestreuen.

Möhren-Apfel-Müsli

Preis:
ca. 0,88 DM

Zutaten für 2 Kinder
1 Möhre • 1 kleiner Apfel • Zitronensaft • 50 g Haferflocken
1 EL Sultaninen • 1 kleine Banane • 2 EL fettarmer Joghurt
2 TL Honig

1 Die Möhre schälen und auf der Rohkostreibe fein raspeln. Den Apfel waschen, vierteln, das Kerngehäuse entfernen und das Fruchtfleisch mitsamt der Schale grob raspeln. Beides miteinander vermischen und sofort mit etwas Zitronensaft beträufeln.

2 Die Haferflocken und die Sultaninen untermischen, dann die Banane schälen, in Scheiben schneiden und hinzufügen.
3 Das Möhren-Apfel-Müsli in 2 Schälchen verteilen. Mit je 1 Esslöffel Joghurt und 1 Teelöffel Honig anrichten.

Orangenmüsli

Zutaten für 2 Kinder
2 Orangen • 2 EL Haselnusskerne • 250 g fettarmer Joghurt
1 EL Honig • 50 g Haferflocken

Preis:
ca. 1,08 DM

1 1 Orange auspressen. Die zweite Orange sorgfältig schälen, so dass auch die weiße, pelzige Haut entfernt wird. Dann das Fruchtfleisch in dünne Scheiben schneiden und diese vierteln, dabei den Saft auffangen.
2 Die Haselnusskerne blättrig schneiden. Den Joghurt mit dem Orangensaft und dem Honig verrühren. Die Haferflocken und die Orangenviertel unterrühren.
3 Das Orangenmüsli in 2 Schälchen verteilen. Zuletzt mit den blättrig geschnittenen Haselnusskernen bestreuen und servieren.

Frühstücksflocken sind bei Kindern besonders beliebt. Mit Milch oder Joghurt zubereitet, liefern sie wichtige Nährstoffe, die Kinder im Wachstum verstärkt benötigen.

Früchtemüsli

Zutaten für 2 Kinder
150 g frische Früchte, z. B. Erdbeeren, Weintrauben, Kiwis oder Banane • 50 g Früchtemüsli ohne Zucker • 1/4 l H-Milch

Preis:
ca. 1,04 DM

1 Die Früchte waschen, schälen und in mundgerechte Stücke schneiden.
2 Das Früchtemüsli in 2 Schälchen verteilen. Je 1/8 Liter Milch darüber gießen, eine Weile durchziehen lassen. Dann die Früchte unterrühren und servieren.

INFO Müslis sind das ideale Frühstück für Kinder, die nicht gerne kauen oder denen ein belegtes Brot einfach viel zu trocken ist.

Zimttoast

Preis:
ca. 0,81 DM

Zutaten für 2 Kinder
40 g Butter • gemahlener Zimt • 4 EL Honig
abgeriebene Zitronenschale • 4 Scheiben Toastbrot

Süße Toasts schmecken mit fein gehackten Haselnusskernen oder Rosinen bestreut noch besser.

1 Die Butter in einem Topf zerlassen, mit etwas Zimt und dem Honig verrühren. Etwas Zitronenschale unterrühren.

2 Die Masse dick auf die Toastbrotscheiben streichen. Im vorgeheizten Grill ca. 5 Minuten überbacken.

TIPP Dazu können Sie Apfelmus oder Apfelkompott mit Stücken servieren.

Eiertoast

Preis:
ca. 0,59 DM

Zutaten für 2 Kinder
2 Eier • 4–5 EL H-Milch • 1/2 Päckchen Vanillezucker
4 Scheiben Toastbrot • Butter • Zimtzucker

1 Die Eier mit der Milch und dem Vanillezucker verquirlen. Die Toastbrotscheiben darin wenden und kurz ziehen lassen.

2 Die Toastbrotscheiben in einer Pfanne mit zerlassener Butter goldbraun braten. Mit Zimtzucker bestreut servieren.

Frischkäsetoast

Preis:
ca. 1,57 DM

Zutaten für 2 Kinder
1 Apfel • 100 g körniger Frischkäse • Zimt
4 Scheiben Toastbrot

1 Den Apfel waschen, halbieren und entkernen, in dünne Spalten schneiden. Den Frischkäse mit Zimt verrühren.

2 Die Toasts goldgelb rösten und mit dem Zimtfrischkäse bestreichen. Die Obstspalten auf den Broten verteilen.

Apfeltoast

Zutaten für 2 Kinder
1 Apfel • 4 Scheiben Toastbrot • Butter • 4 Scheiben Gouda

Preis:
ca. 1,97 DM

1 Den Apfel waschen, halbieren und entkernen. Die Hälften in dünne Spalten schneiden. Die Toastbrotscheiben goldgelb rösten.

2 Die Toasts mit Butter bestreichen. Die Apfelspalten darauf verteilen. Mit je 1 Scheibe Käse belegen und im vorgeheizten Grill überbacken.

Eine herzhafte und sättigende Alternative zum Marmeladenbrot: überbackene Toasts.

Rühreier mit Schinken

Preis:
ca. 2,27 DM

Zutaten für 2 Kinder und 2 Erwachsene
100 g Hinterschinken, gekocht • Butter • 8 Eier • 0,1 l H-Milch
Salz, Pfeffer

Bei frischen Eiern sind Eidotter und Eiklar hoch gewölbt, bei alten abgeflacht, wenn man sie aufschlägt und im Profil betrachtet.

1 Den Schinken in kleine Würfel schneiden. Dann in einer Pfanne mit zerlassener Butter erhitzen.
2 Die Eier mit der Milch und den Gewürzen verquirlen. Die Eiermasse über den Schinken gießen. Bei geringer Hitze stocken lassen, dabei rühren. Das Rührei sollte feucht-cremig sein. Dazu kerniges Vollkornbrot servieren.

Rühreier mit Emmentaler

Preis:
ca. 2,29 DM

Zutaten für 2 Kinder und 2 Erwachsene
8 Eier • 0,1 l H-Milch • Salz, Pfeffer • Butter • 100 g geriebener Emmentaler • Schnittlauch

1 Die Eier mit der Milch und den Gewürzen verquirlen. Die Eiermasse in erhitzter Butter bei geringer Hitze stocken lassen, dabei umrühren.
2 Den Käse gleichmäßig über das Rührei streuen. Zugedeckt bei geringer Hitze schmelzen lassen. Zuletzt mit Schnittlauchröllchen bestreuen. Dazu kerniges Vollkornbrot und in Scheiben geschnittene oder gegrillte Tomaten servieren.

TIPP Solche Eiergerichte bieten sich für den Sonntag an, wenn die ganze Familie gemütlich zusammensitzt und viel Zeit fürs Frühstück hat. Zur Abwechslung können Sie auch Mozzarella verwenden.

Bauernfrühstück

Zutaten für 2 Kinder und 2 Erwachsene
400 g Kartoffeln • 2 Zwiebeln • 100 g roher Bauchspeck
4 Eier • Salz, Pfeffer • getrocknete Küchenkräuter

Preis:
ca. 1,87 DM

1 Die Kartoffeln in der Schale garen. Dann auskühlen lassen, pellen und in Scheiben schneiden.
2 Die Zwiebeln abziehen und in Scheiben schneiden. Den Speck würfeln und in einer beschichteten Pfanne auslassen.
3 Die Zwiebel- und die Kartoffelscheiben hinzufügen und goldbraun rösten, dabei wenden.
4 Die Eier mit wenig Salz, Pfeffer und Kräutern verquirlen. Darüber gießen und bei geringer Hitze stocken lassen.

Spiegeleier mit Speck und Tomaten

Zutaten für 2 Kinder und 2 Erwachsene
100 g Südtiroler Bauernspeck • Butter • 6 Eier • Salz,
Pfeffer • 100 g Kirschtomaten

Preis:
ca. 4,57 DM

1 Den Speck in hauchdünne Scheiben schneiden und in einer beschichteten Pfanne knusprig braten. Warm stellen.
2 Etwas Butter zerlassen und 6 Spiegeleier braten.
Mit Salz und Pfeffer würzen.
3 Die Kirschtomaten waschen, trockentupfen und kurz mitbraten. Mit dem Speck zu den Eiern servieren.

Um sich vor Salmonellen zu schützen, sollte man nur frische Eier kaufen und sie rasch verbrauchen.

INFO Spezielles Kindergeschirr benötigen Kinder nicht. Sie möchten gerne wie kleine Erwachsene behandelt werden – auch bei Tisch.

Zum Mitnehmen

Damit Kinder in der Schule den ganzen Vormittag über leistungsfähig bleiben, benötigen sie in den Pausen eine kleine Zwischenmahlzeit, die ein Absinken ihres Blutzuckerspiegels verhindert. Am besten erreichen Sie dies mit Vollkornbrot, Obst und Gemüse, denn diese Lebensmittel enthalten Kohlenhydrate und Ballaststoffe, die nur langsam vom Körper abgebaut werden. Die bei Kindern so beliebten Süßigkeiten hingegen lassen den Blutzuckerspiegel zwar rasch in die Höhe schnellen. Da sie jedoch leicht abbaubare Kohlenhydrate enthalten, kommt es innerhalb kürzester Zeit zu einem rapiden Abfall des Blutzuckerspiegels, was zu Müdigkeit und Konzentrationsschwächen führt.

Energie tanken in der Schulpause

Kinder sollten in den Pausen zwischen den Schulstunden bevorzugt Milch oder Kakao trinken. Denn auch Limonaden und Colagetränke enthalten Zucker, der die Zähne schädigt. Darüber hinaus sorgt das in Colagetränken enthaltene Koffein für Nervosität und Gereiztheit. An heißen Sommertagen bieten sich kalte Früchtetees ohne Zuckerzusatz, ungesüßte Fruchtsäfte oder Mineralwasser als erfrischende Durstlöscher an. Die Getränke sollten aber nie eiskalt serviert werden, denn dies führt zu verstärktem Schwitzen und damit zu Flüssigkeits- und Mineralverlusten. Kinder, die viel Sport treiben, benötigen übrigens keine speziellen Energiedrinks: Eine Apfelsaftschorle ist viel preiswerter und zudem gesünder.

Ganz entscheidend für die Leistungs- und Konzentrationsfähigkeit von Kindern ist ein konstanter Blutzuckerspiegel.

Chestersandwich

Zutaten für 1 Kind

Preis:
ca. 0,52 DM

einige Blätter Eisbergsalat • 2 Scheiben Vollkornbrot
Butter • 2 Scheiben Chesterscheibletten • 1 Apfel

Den Apfel für Schulanfänger schon zu Hause halbieren und entkernen. Die Schnitze mit Zitronensaft beträufeln, damit sie nicht braun werden.

1 Den Eisbergsalat in ganz feine Streifen schneiden. Die Brotscheiben dünn mit Butter bestreichen.
2 Auf 1 Brotscheibe zuerst Eisbergsalatstreifen streuen. Mit 1 Scheibe Käse belegen. Dann wieder Eisbergsalatstreifen darüber streuen und die zweite Käsescheibe darauf legen.
3 Mit der zweiten Brotscheibe zudecken. Das Sandwich zusammenpressen und einmal diagonal durchschneiden. Die Hälften einzeln in Klarsichtfolie einschlagen. Dazu 1 Apfel mit einpacken.

Frischkäsesandwich

Zutaten für 1 Kind

Preis:
ca. 0,97 DM

1 rote Paprikaschote • 50 g Frischkäse
2 Scheiben Vollkornbrot • 50 g Frischkäsezubereitung

1 Die Paprika waschen und entkernen, 1 Schote in ganz feine Würfel schneiden und unter den Frischkäse mischen. 1 Brotscheibe damit bestreichen. Dann die Frischkäsezubereitung darüber streichen.
2 Mit der zweiten Brotscheibe zudecken, zusammenpressen und einmal diagonal durchschneiden. Die Hälften einzeln in Klarsichtfolie einschlagen. Dazu in Streifen geschnittene rote Paprikaschote mit einpacken.

Gurkensandwich

Zutaten für 1 Kind
1 Stück Salatgurke · 2 Scheiben Vollkornbrot · 50 g Frisch-
käsezubereitung · 1 Scheibe Hinterschinken, gekocht

Preis:
ca. 0,92 DM

1 Die Gurke waschen und in dünne Scheiben schneiden. Die Brotscheiben mit der Frischkäsezubereitung bestreichen.
2 Auf 1 Brotscheibe Gurkenscheiben verteilen. Den Schinken darauf legen.

3 Mit der zweiten Brotscheibe zudecken. Das Gurkensandwich zusammendrücken und einmal diagonal durchschneiden. Die Hälften einzeln in Klarsichtfolie einschlagen.

Schinken-Käse-Sandwich

Zutaten für 1 Kind
1 kleiner Apfel · Zitronensaft · 2 Scheiben Vollkornbrot
1 Scheibe Hinterschinken, gekocht · 2 Scheiben Gouda oder
Käseaufschnitt · Salatcreme

Preis:
ca. 1,47 DM

1 Den Apfel waschen, das Kerngehäuse entfernen. Mit der Schale in dünne Scheiben schneiden. Die Apfelscheiben mit etwas Zitronensaft bepinseln, damit sie nicht braun werden.
2 Die Brotscheiben, den Schinken und die Käsescheiben halbieren. Die

Brotscheiben dünn mit Salatcreme bestreichen.
3 Auf 2 Brothälften je 1/2 Schinken- und je 2 halbierte Käsescheiben legen. Die Apfelscheiben darauf verteilen.
4 Mit den restlichen Brotscheiben zudecken. Einzeln in Klarsichtfolie einschlagen.

Obst zum Mitnehmen sollte immer leicht aus der Hand zu essen sein und nicht matschig werden. Ideal sind Äpfel, Birnen und nicht zu reife Bananen.

Pizzasandwich

Preis:
ca. 1,09 DM

Zutaten für 1 Kind
1 Stück Edelsalami · 1 Tomate · 2 Scheiben kerniges
Vollkornbrot · Butter · 2 Emmentalerscheibletten

1 Die Salami in hauchdünne Scheiben schneiden. Die Tomate waschen und ebenfalls in dünne Scheiben schneiden.
2 Die Brotscheiben dünn mit Butter bestreichen. 1 Brotscheibe abwechselnd mit Tomaten-, Käse- und Salamischeiben belegen.
3 Mit der zweiten Brotscheibe zudecken. Das Sandwich zusammendrücken und diagonal durchschneiden. Die Hälften einzeln in Klarsichtfolie einschlagen.

TIPP Sandwiches sollten immer schön saftig sein. Damit sie nicht austrocknen, am besten einzeln in Klarsichtfolie einschlagen und in eine Brotbox legen.

Käsebaguette

Preis:
ca. 1,06 DM

Zutaten für 1 Kind
einige Blätter Eisbergsalat · 1 Tomate · 1 Baguettebrötchen
Salatcreme · 2 Scheiben Gouda · Salz, Pfeffer

In das Käsebaguette können Sie zusätzlich noch Olivenscheibchen füllen.

1 Den Salat in feine Streifen schneiden. Die Tomate waschen und in Scheiben schneiden.
2 Das Baguettebrötchen der Länge nach aufschneiden. Die Salatcreme darin verstreichen. Mit dem Eisbergsalat bestreuen.
3 Abwechselnd Tomaten- und Käsescheiben hineinfüllen, dabei die Tomaten würzen.

Putenbaguette

Zutaten für 1 Kind
*einige Blätter Eisbergsalat · 1 kleine Gewürzgurke
1 Baguettebrötchen · Salatcreme · 50 g gekochte
Putenbrust in Scheiben*

**Preis:
ca. 1,07 DM**

1 Den Eisbergsalat in ganz feine Streifen, die Gewürzgurke in dünne Scheiben schneiden.
2 Das Baguettebrötchen der Länge nach aufschneiden. Die Salatcreme darin verstreichen. Mit dem Eisbergsalat bestreuen.

3 Die Gurkenscheiben auf der Putenbrust verteilen. Dann die Putenbrustscheiben locker aufrollen. Das Baguettebrötchen damit füllen.
4 Das Baguettebrötchen zusammendrücken und fest in Butterbrotpapier einwickeln.

*Gefüllte Baguettes
ähneln Fastfood-
burgern. Und die
sind bei Kindern
bekanntlich
äußerst beliebt.*

Thunfischbaguette

Preis:
ca. 1,24 DM

Zutaten für 1 Kind
einige Blätter Eisbergsalat • 1 Tomate • 1 rote Paprika-
schote • 1/2 Dose Thunfisch im eigenen Saft
Salatcreme • Salz, Pfeffer • 1 Baguettebrötchen

**Gefüllte
Baguette-
brötchen bie-
ten sich auch
für Klassen-
ausflüge an,
denn sie blei-
ben besonders
lange frisch
und appetit-
lich. Dafür
sollten Sie sie
jedoch gut
verpacken.**

1 Den Eisbergsalat in feine Streifen schneiden. Die Tomate waschen und in dünne Scheiben, die Paprika in kleine Würfel schneiden.
2 Den Thunfisch mit einer Gabel zerdrücken. Mit Salatcreme und den Paprikawürfelchen vermischen. Dann mit Salz und Pfeffer würzen.

3 Das Baguettebrötchen der Länge nach auf-schneiden. Die Thunfisch-creme darin verstreichen. Mit den Eisbergsalat-streifen bestreuen. Dann die Tomatenscheiben hineinfüllen.
4 Das Baguettebrötchen zusammendrücken und fest in Butterbrotpapier einwickeln.

TIPP Damit Kinder ihre Mitnehmmahlzeit auch tatsächlich essen, sollten Sie nicht jeden Tag das gleiche Pausenbrot zubereiten. Je abwechslungsreicher, desto besser. Unter die Thunfischcreme für dieses Baguette können Sie beispielsweise auch fein gehackte Kapern oder fein gehacktes, gekochtes Ei mischen.

Gefüllte Tomaten mit Butterbrot

Preis:
ca. 1,08 DM

Zutaten für 1 Kind
2 kleine Tomaten • 1 Scheibe Hinterschinken, gekocht
50 g Frischkäse • Salz, Pfeffer • 1 Scheibe Vollkornbrot
etwas Butter

1 Von den Tomaten einen Deckel abschneiden und die Tomaten aushöhlen. Das feste Fruchtfleisch klein würfeln. Den Schinken ebenfalls in kleine Würfel schneiden. **2** Die Tomaten- und Schinkenwürfel unter den Frischkäse mischen. Mit Salz und Pfeffer würzen.

3 Die Frischkäsecreme in die Tomaten füllen. Die Tomaten einzeln in Klarsichtfolie einwickeln und in eine Brotbox setzen. **4** Die Brotscheibe mit Butter bestreichen, halbieren und zusammenklappen. Mit den gefüllten Tomaten in die Brotbox einpacken.

Anstelle von Tomaten können Sie auch eine kleine rote Paprikaschote mit der Frischkäsecreme füllen.

TIPP Zusätzlich zu den Schinkenwürfeln können Sie auch frische Kräuter oder Erbsen-Möhren-Gemüse aus der Dose unter den Frischkäse mischen.

Gemüsesalat mit Thunfisch

Zutaten für 1 Kind
1 Scheibe Toastbrot • 1/2 Dose Thunfisch in Öl
1/2 rote Paprikaschote • 1 Stück Salatgurke • Olivenöl
Weinessig • Salz, Pfeffer

Preis:
ca. 0,89 DM

1 Den Toast goldgelb rösten und in kleine Würfel schneiden. Den Thunfisch mit einer Gabel zerpflücken. Das Gemüse waschen und putzen. Ebenfalls in kleine Würfel schneiden. **2** Das Gemüse mit dem Thunfisch vorsichtig vermischen. Mit etwas Öl und Essig beträufeln. Dann mit Salz und Pfeffer würzen. **3** Den Gemüsesalat in eine Tupperwaredose füllen. Die Brotwürfelchen darüber streuen. Dazu eine Plastikgabel mit einpacken.

Salatröllchen

Zutaten für 1 Kind
einige Radieschen · 1 Scheibe Hinterschinken, gekocht
100 g Frischkäse · Senf · Salz, Pfeffer · einige Blätter
Eisbergsalat

Preis:
ca. 1,28 DM

Salatröllchen bieten sich auch als »Fingerfood« für Kindergeburtstage an. Dann die Füllung mit Gemüse variieren.

1 Die Radieschen waschen, putzen und grob raspeln. Den Schinken klein würfeln. Den Frischkäse mit etwas Senf, Salz und Pfeffer verrühren. Die Radieschen und den Schinken unterrühren.

2 Jeweils 1 großen Klecks Frischkäsecreme auf ein Salatblatt geben. Dann die Blätter vorsichtig aufrollen. Einzeln in Klarsichtfolie einwickeln und in eine Brotbox legen.

Rohkost mit Frischkäsebrot

Zutaten für 1 Kind
200 g Gemüse, z. B. Möhren und Kohlrabi · 1 Scheibe
Vollkornbrot · 25 g Frischkäse

Preis:
ca. 0,43 DM

1 Das Gemüse putzen, schälen bzw. waschen und in mundgerechte Stücke schneiden. In einen kleinen Gefrierbeutel füllen und gut verschließen.

2 Die Brotscheibe mit dem Frischkäse bestreichen, halbieren und zusammenklappen. In Butterbrotpapier einwickeln.

INFO Kinder lieben Überraschungen. Dies sollte man bei der Zusammenstellung der Mitnehmmahlzeit berücksichtigen und ab und zu einen Schoko- oder Müsliriegel mit in die Brotbox einpacken.

Möhrenjoghurt

Zutaten für 1 Kind
1 kleine Möhre • 125 g fettarmer Joghurt • Olivenöl • Salz
1 Prise Zucker • 1 Scheibe Vollkornbrot • Butter

Preis:
ca. 0,56 DM

1 Die Möhre putzen, schälen und auf der Rohkostreibe raspeln. Den Joghurt mit etwas Öl verrühren. Die Möhre unterrühren. Mit Salz und Zucker abschmecken.

Dann in eine kleine Tupperwaredose füllen. **2** Die Brotscheibe mit Butter bestreichen, halbieren und zusammenklappen. In Butterbrotpapier einwickeln.

Kleine Frühlingsmöhren schmecken besonders süß und werden von Kindern auch gerne zwischendurch gegessen.

Tipp Zusätzlich können Sie fein geriebenen Apfel mit unter den Joghurt rühren.

Radieschen-Frischkäse-Dip

Zutaten für 1 Kind
einige Radieschen • 75 g Frischkäse • Salz, Pfeffer
Schnittlauch • 1 Scheibe Vollkornbrot • 1 Stück Salatgurke

Preis:
ca. 0,79 DM

1 Die Radieschen waschen, putzen und auf der Rohkostreibe raspeln. Unter den Frischkäse rühren und würzen. In eine kleine Tupperwaredose füllen.

2 Die Brotscheibe und die Gurke in Streifen schneiden. Einzeln in Klarsichtfolie einwickeln. Zusammen mit dem Frischkäsedip in eine Brotbox einpacken.

Tipp Gemüse als Mitnehmmahlzeit gehört auf jeden Fall in eine gut schließende Tupperwaredose.

Hauptgerichte

Wenn Kinder aus der Schule kommen, möchten sie in der Regel sofort etwas essen. Damit sie ihren Heißhunger nicht mit Süßigkeiten stillen, sollten Sie das Essen bereits vorbereitet haben. Kinder lieben Nudelgerichte und würden sie am liebsten jeden Tag essen. Trotzdem ist Abwechslung wichtig. Speziell Kartoffeln und Gemüse enthalten Vitamine und Mineralstoffe, die Kinder im Wachstum verstärkt benötigen. Fleisch gehört nicht zu jeder Hauptmahlzeit. Im Gegenteil, servieren Sie nur zweimal wöchentlich Gerichte mit Fleisch. Dafür sollten Sie einmal pro Woche Fisch auf den Tisch bringen. Am besten Seefische, denn sie enthalten Jod, mit dem wir in der Regel unterversorgt sind.

Der Esstisch als Nachrichtenbörse

Wenn Sie mehrere Kinder haben, die zu unterschiedlichen Zeiten aus der Schule kommen, sollten Sie Gerichte wählen, die sich gut aufwärmen lassen. Außerdem ist es wichtig, dass Sie sich zu jedem Kind mit an den Tisch setzen. So erfahren Sie am ehesten, was in der Schule los war und ob es eventuell Probleme gibt. Lassen Sie Ihre Kinder ruhig Schulfreunde mit zum Essen nach Hause bringen. Für Einzelkinder ist das eine Abwechslung, und Sie lernen die Freunde Ihrer Kinder besser kennen. Gönnen Sie Kindern eine Verschnaufpause, und drängen Sie nicht gleich nach dem Essen aufs Hausaufgabenmachen. Kinder brauchen viel Bewegung. Daher sollte man sie nach einem langen Schulvormittag erst einmal spielen und sich austoben lassen.

Gemüse und Salate gehören zu jeder Mahlzeit, denn sie liefern wertvolle Vitamine und Mineralstoffe, die Kinder im Wachstum verstärkt benötigen.

Spaghetti mit Speck und Käsesauce

Zutaten für 2 Kinder und 1 Erwachsenen

Preis:
ca. 2,99 DM

250 g Spaghetti · Salz · Öl · 50 g roher Bauchspeck · 4 Eier
200 g H-Sahne · 75 g geriebener Emmentaler

Jedes Land hat seine traditionellen Hartkäsesorten: in Deutschland z. B. Allgäuer Emmentaler und Bergkäse.

1 Die Spaghetti in Salzwasser mit etwas Öl bissfest garen. Gut abtropfen lassen.
2 Den Speck in kleine Würfel schneiden. Die Eier mit der Sahne und dem Käse verquirlen.

3 Den Speck in wenig erhitztem Öl anbraten. Die Spaghetti hinzufügen und kurz mitbraten. Die Eiermasse darüber gießen.
4 Bei geringer Hitze so lange kochen lassen, bis die Sauce sämig wird.

Spaghetti mit Tomatensauce

Zutaten für 2 Kinder und 1 Erwachsenen

Preis:
ca. 2,13 DM

250 g Spaghetti · Salz · Öl · 100 g Hinterschinken, gekocht
1 Zwiebel · 200 g passierte Tomaten · 100 g H-Sahne · Kräuter

1 Die Spaghetti in Salzwasser mit etwas Öl bissfest garen. Gut abtropfen lassen.
2 Den Schinken in feine Streifen schneiden. Die Zwiebel abziehen und fein hacken. In erhitztem Öl andünsten.

3 Den Schinken hinzufügen und kurz mitbraten. Dann die Tomaten und die Sahne zugeben. Die Sauce aufkochen, dann sämig einkochen lassen und würzen.
4 Die Spaghetti in der Tomatensauce erwärmen.

INFO Nudelgerichte mit viel Sauce mögen alle Kinder. Mit Gewürzen sollte man allerdings sparsam umgehen.

Spaghetti mit Selleriesauce

Zutaten für 2 Kinder und 1 Erwachsenen
250 g Spaghetti · Salz · Öl · 1 Apfel · 1 Staudensellerie,
ca. 500 g · Butter · 200 g H-Sahne · Pfeffer · 75 g geriebener
Emmentaler

Preis:
ca. 3,89 DM

1 Die Spaghetti in Salzwasser mit etwas Öl bissfest garen. Gut abtropfen lassen.
2 Den Apfel schälen, halbieren, entkernen und blättrig schneiden. Den Staudensellerie waschen, putzen und in Scheiben schneiden. Das Selleriegrün und die -scheiben fein hacken.

3 Den Sellerie in erhitzter Butter kurz andünsten. Den Apfel und die Sahne hinzufügen. Mit Salz und Pfeffer würzen. Dann zugedeckt bei geringer Hitze 15 Minuten kochen lassen.
4 Den Käse unter die Selleriesauce rühren, 1-mal aufkochen lassen. Spaghetti untermischen.

Wenn erhältlich, können Sie die Sahne auch durch Crème fraîche ersetzen. Sie ist in der Konsistenz dicker und macht daher Saucen noch sämiger.

Spaghetti mit Schinken

Zutaten für 2 Kinder und 1 Erwachsenen
250 g Spaghetti · Salz · Öl · 200 g H-Sahne ·200 g Hinterschinken, gekocht · frische oder getrocknete Petersilie

Preis:
ca. 3,37 DM

1 Die Spaghetti in Salzwasser mit etwas Öl bissfest garen. Gut abtropfen lassen.
2 Die Spaghetti in den Topf zurückgeben. Sahne unterrühren und erhitzen.

3 Den Schinken in feine Streifen schneiden, die Spaghetti hinzufügen und kurz miterhitzen. Zuletzt fein gehackte Petersilie untermischen, auf Teller verteilen und servieren.

Spaghetti mit buntem Gemüse

Preis:
ca. 3,46 DM

Zutaten für 2 Kinder und 1 Erwachsenen
250 g Spaghetti · Salz · Öl · 2 große, feste Tomaten
125 g Schinkenwürfel · 1 kleine Dose Bohnen · Pfeffer

Nudeln lassen sich leicht färben, wenn man zum Garen anstelle von Wasser beispielsweise Rote-Bete-Saft nimmt.

1 Die Spaghetti in reichlich Salzwasser mit etwas Öl bissfest garen. Kalt abschrecken und gut abtropfen lassen.

2 Die Tomaten kurz in heißes Wasser tauchen, häuten, halbieren und entkernen. Dann das Fruchtfleisch in Stücke schneiden.

3 Die Schinkenwürfel in einer beschichteten Pfanne in wenig Öl anbraten. Die Tomaten hinzufügen und kurz mitdünsten.

4 Die Bohnen abgießen, hinzufügen und miterhitzen. Mit Pfeffer würzen.

5 Zuletzt die Spaghetti locker untermischen und nochmals kurz erwärmen.

Bandnudeln mit Blauschimmelkäsesauce

Preis:
ca. 2,27 DM

Zutaten für 2 Kinder und 1 Erwachsenen
250 g Bandnudeln · Salz · Öl · 100 g Blauschimmelkäse
200 g H-Sahne

1 Die Bandnudeln in reichlich Salzwasser mit etwas Öl bissfest garen. Kalt abschrecken und anschließend gut abtropfen lassen.

2 Den Blauschimmelkäse in Würfel schneiden, falls nötig, vorher entrinden. Dann mit der Sahne bei niedriger Hitze sämig einkochen lassen.

3 Die Bandnudeln in der Käse-Sahne-Sauce schwenken und nochmals kurz erhitzen.

Wenn Sie für Kinder kochen, würzen Sie mild, und sorgen Sie für viel Saucen – harte, trockene Speisen bleiben ihnen buchstäblich im Halse stecken.

Kräuterbandnudeln

Zutaten für 2 Kinder und 1 Erwachsenen

250 g Bandnudeln · Salz · Öl · 50 g Butter · frische Kräuter, z. B. Basilikum und Salbei oder getrocknete Küchenkräuter 100 g geriebener Emmentaler

Preis:
ca. 2,11 DM

1 Die Bandnudeln in Salzwasser mit etwas Öl bissfest garen. Gut abtropfen lassen.
2 Die Butter in einer Pfanne zerlassen. Die Kräuter hinzufügen. Dann die Bandnudeln untermischen und nochmals kurz erhitzen.
3 Mit dem geriebenen Käse bestreut servieren.

Sie können den Käse auch weglassen und stattdessen mit Wasser überbrauste, abgetropfte Krabben kurz miterhitzen.

INFO Kinder bekommen mehr Bezug zu den Nahrungsmitteln, wenn sie wissen, wie sie wachsen. Ziehen Sie daher mit ihnen beispielsweise verschiedene Kräuter in Töpfchen auf der Fensterbank.

Bandnudeln mit Sahnesauce

Preis: ca. 2,35 DM

Zutaten für 2 Kinder und 1 Erwachsenen
250 g Bandnudeln · Salz · Öl · 50 g Butter · 75 g geriebener Emmentaler · 200 g H-Sahne · Pfeffer · Muskatnuss

Pfeffer sollte man wie alle Gewürze vor Licht und Hitze geschützt aufbewahren, da er sonst schnell sein typisches Aroma verliert.

1 Die Bandnudeln in reichlich Salzwasser mit etwas Öl bissfest garen. Gut abtropfen lassen.
2 Die Butter in einer Pfanne zerlassen. Die Bandnudeln hinzufügen und darin wenden. Den Käse untermischen.

3 Die Sahne zugießen und erhitzen, dabei die Bandnudeln mit Hilfe von zwei Gabeln immer wieder hochziehen und in der Sauce tränken.
4 Zuletzt die Nudeln nach Belieben mit Salz, Pfeffer und Muskatnuss würzen.

TIPP Für 4 Personen den Nudelanteil um 50 Gramm erhöhen und etwas mehr Sauce zubereiten.

Bandnudeln mit Räucherlachs

Preis: ca. 5,26 DM

Zutaten für 2 Kinder und 1 Erwachsenen
250 g Bandnudeln · Salz · Öl · 200 g Räucherlachs 200 g H-Sahne · Pfeffer aus der Mühle

1 Die Bandnudeln in reichlich Salzwasser mit etwas Öl knapp bissfest garen. Gut abtropfen lassen.
2 Den Lachs in feine Streifen schneiden. Die Bandnudeln wieder in den Topf zurückgeben. Die Sahne unterrühren und erhitzen. Den Lachs hinzufügen und kurz miterhitzen. Nach Belieben mit Pfeffer übermahlen.

Bandnudeln mit Pilzen und Mozzarella

Zutaten für 2 Kinder und 1 Erwachsenen
250 g Bandnudeln · Salz · Öl · 500 g Champignons · Butter
0,1 l Gemüsebrühe (Instant) · 200 g H-Sahne
1 Päckchen Mozzarella (125 g) · frische oder getrocknete
Petersilie · 50 g geriebener Parmesankäse

Preis:
ca. 5,78 DM

1 Die Bandnudeln in reichlich Salzwasser mit etwas Öl bissfest garen. Kalt abschrecken und anschließend gut abtropfen lassen.
2 Die Champignons mit Küchenkrepp säubern und frisch anschneiden. Dann die Pilze in dicke Scheiben schneiden und in erhitzter Butter dünsten, bis die Flüssigkeit fast verdampft ist.
3 Die Gemüsebrühe zugießen und einkochen lassen. Dann die Sahne unterrühren. Den Mozzarella in kleine Würfel schneiden.
4 Die Bandnudeln mit den Pilzen, dem Mozzarella und fein gehackter Petersilie vermischen. In eine ausgefettete Auflaufform füllen.
5 Den Parmesan über die Nudeln streuen und im vorgeheizten Backofen bei einer Temperatur von 180 °C ca. 20 Minuten überbacken.

Die Champignons können Sie auch durch andere Zuchtpilze wie beispielsweise Egerlinge oder Austernpilze ersetzen. Die Pilze wie beschrieben vorbereiten.

TIPP Nudelgerichte sind im Nu zubereitet und werden von allen Kindern gerne gegessen. Ersetzen Sie die Pilze zur Abwechslung einmal durch 200 Gramm ausgelassene Speckwürfelchen. Dann die Nudeln mit dem Speck vermischen. In eine ausgefettete Auflaufform füllen. Die Sahne darüber gießen und anstelle von Mozzarella den Auflauf mit geriebenem Emmentaler bestreuen. Butterflöckchen darauf setzen und überbacken.

Kartoffelspieße

Zutaten für 2 Kinder und 1 Erwachsenen
300 g kleine, fest kochende Kartoffeln • 3 feste Tomaten
1 gelbe Paprikaschote • 1 Zucchini • 3 Wiener Würstchen
Öl • Salz, Pfeffer

Preis:
ca. 2,35 DM

Für dieses Gericht können Sie auch größere Kartoffeln nehmen, diese nach dem Garen in grobe Würfel schneiden und mit den übrigen Zutaten auf Holzspieße ziehen.

1 Die Kartoffeln sauberbürsten und in Salzwasser ca. 15 Minuten garen. Dann abgießen, kalt abschrecken und sorgfältig schälen.
2 Das Gemüse putzen und waschen. Die Tomaten halbieren oder vierteln. Die Paprika entkernen und in grobe Stücke, die Zucchini in Scheiben schneiden. Die Würstchen in 3 Zentimeter lange Stücke schneiden.
3 Abwechselnd Kartoffeln, Gemüse und Würstchenstücke auf Holzspieße ziehen. Mit Öl bepinseln, leicht salzen und pfeffern. Im vorgeheizten Grill ca. 20 Minuten rösten, dabei ab und zu wenden.

Kartoffel-Radieschen-Salat mit Wiener Würstchen

Zutaten für 2 Kinder und 1 Erwachsenen
500 g fest kochende Kartoffeln • 0,2 l Gemüsebrühe
(Instant) • 1 Bund Radieschen • 4 EL Öl • 1 EL Weinessig
1 Messerspitze Senf • Salz, Pfeffer • frischer oder
getrockneter Schnittlauch • 3 Paar Wiener Würstchen

Preis:
ca. 3,31 DM

1 Die Kartoffeln sauberbürsten und in Salzwasser ca. 25 Minuten garen. Dann abgießen, kalt abschrecken, schälen und in Scheiben schneiden. Mit der Gemüsebrühe übergießen und ziehen lassen.

2 Die Radieschen waschen, putzen und in Scheiben schneiden. Das Öl mit dem Essig und dem Senf sowie etwas Salz und Pfeffer zu einem Dressing verrühren.

3 Die Kartoffel- und Radieschenscheiben vermischen und mit dem Dressing anmachen. Mit Schnittlauch bestreuen und mit den erhitzten Würstchen servieren.

Kartoffelsalat mit kalten Wiener Würstchen bietet sich auch fürs Picknick mit Freunden oder als Mitnehmmahlzeit für einen Schulausflug an.

INFO Kartoffelsalat mit Wiener Würstchen ist ein klassisches Kindergericht. Auch für Kindergeburtstage bietet er sich als schnelle Mahlzeit an, wenn man den Kartoffelsalat bereits am Vortag zubereitet. Sie können die Radieschen zur Abwechslung auch durch 1/2 Salatgurke ersetzen.

Blechkartoffeln mit Käse

Zutaten für 2 Kinder und 1 Erwachsenen
600 g fest kochende Kartoffeln • Öl
125 g geriebener Emmentaler

**Preis:
ca. 1,47 DM**

1 Die Kartoffeln waschen, schälen und in 1/2 Zentimeter dicke Scheiben schneiden. Auf einem mit Backpapier belegten Blech verteilen. Mit etwas Öl bepinseln.

2 Im auf 200 °C vorgeheizten Backofen ca. 25 Minuten backen. Kurz vor dem Ende der Garzeit mit dem Käse bestreuen und diesen schmelzen lassen.

TIPP Zu einfachen Kartoffelgerichten wie den Blechkartoffeln passt am besten ein gemischter Blattsalat mit Joghurtdressing. Damit Kinder ihn besser essen können, die Salatblätter in kleine Stücke zupfen.

Folienkartoffeln mit Kräuterdip und Mais

Zutaten für 2 Kinder und 1 Erwachsenen
4 mehlig kochende Kartoffeln · 250 g fettarmer Joghurt
Zitronensaft · frische oder getrocknete Gartenkräuter
Salz, Pfeffer · 1 Dose Mais · Butter

Preis:
ca. 1,69 DM

Wenn erhältlich, frische Maiskolben in Salzwasser vorgaren, mit Butter bepinseln und in Alufolie einschlagen. 25 Minuten vor Ende der Garzeit zu den Kartoffeln in den Backofen legen.

1 Die Kartoffeln sauberbürsten, trockentupfen und einzeln in Alufolie einwickeln. Im auf 225 °C vorgeheizten Backofen ca. 45 Minuten backen.
2 Den Joghurt mit etwas Zitronensaft, fein gehackten Kräutern, Salz und Pfeffer würzen und abschmecken.

3 Den Mais gut abtropfen lassen und in etwas erhitzter Butter erwärmen. Leicht mit Salz würzen.
4 Die Kartoffeln oben kreuzweise einritzen und aufdrücken. Je 1 großen Klecks Kräuterdip darauf geben. Dazu den Mais servieren.

Fächerkartoffeln

Zutaten für 2 Kinder und 1 Erwachsenen
4 vorwiegend fest kochende Kartoffeln · 50 g Butter
1 EL Semmelbrösel · 50 g geriebener Emmentaler

Preis:
ca. 1,06 DM

1 Die Kartoffeln waschen, schälen und fächerförmig einschneiden, dabei nicht durchschneiden. Mit Butter bepinseln.
2 Im auf 225 °C vorgeheizten Backofen 20 Minuten garen. Mit den Semmelbröseln und dem Käse bestreuen. Die restliche zerlassene Butter darüber träufeln und die Kartoffeln nochmals 10 Minuten garen.

Kartoffeln liefern dem Körper wenig Kalorien, aber reichlich Nährstoffe: hochwertiges Pflanzeneiweiß, das dem Körper genauso viel lebenswichtiges Protein gibt wie Fleisch.

Kartoffelgulasch

Zutaten für 2 Kinder und 1 Erwachsenen
*500 g Kartoffeln • 2 Zwiebeln • Öl • edelsüßer Paprika
1 EL Tomatenmark • 0,5 l Fleischbrühe (Instant) • Salz,
Pfeffer • 2 Paar Wiener Würstchen*

**Preis:
ca. 1,92 DM**

1 Die Kartoffeln waschen, schälen und in 2 Zentimeter große Würfel schneiden. Die Zwiebeln abziehen und fein hacken.
2 Die Zwiebeln in erhitztem Öl andünsten. Paprikapulver darüber stäuben. Dann das Tomatenmark unterrühren und das Ganze mit der Fleischbrühe aufgießen. 1-mal aufkochen lassen.
3 Die Kartoffeln hinzufügen und bei geringer Hitze weich garen. Mit Salz und Pfeffer würzen. Die Würstchen in Scheiben schneiden und miterhitzen.

Mit interessanten Kartoffelgerichten können Sie Abwechslung in den Speiseplan bringen.

Kartoffelpuffer mit Apfelmus

Zutaten für 2 Kinder und 1 Erwachsenen
400 g Kloßteig • 0,1 l H-Milch • Salz, Pfeffer
80 g Butterschmalz, z. B. Butarina • 1 Glas Apfelkompott
mit Stücken

Preis:
ca. 2,67 DM

Damit Kartoffelpuffer knusprig werden, sollten Sie zum Braten eine schwere Eisenpfanne und reichlich Fett verwenden.

1 Den Kloßteig mit der Milch verrühren. Mit Salz und Pfeffer würzen. Portionsweise im erhitzten Butterschmalz aus der Masse Kartoffelpuffer ausbacken.
2 Auf Küchenkrepp abtropfen lassen. Mit dem Apfelkompott servieren.

INFO Kinder sollte man ruhig beim Kochen helfen und dabei naschen lassen. Denn Selbstgekochtes schmeckt nun einmal besonders gut.

Kartoffelpuffer mit Sauerrahm und Lachs

Zutaten für 2 Kinder und 1 Erwachsenen
400 g Kloßteig • 0,1 l H-Milch • Salz, Pfeffer
80 g Butterschmalz, z. B. Butarina • 200 g Sauerrahm
100 g Lachs

Preis:
ca. 4,46 DM

1 Den Kloßteig mit der Milch verrühren. Mit Salz und Pfeffer würzen. Portionsweise im erhitzten Butterschmalz Kartoffelpuffer backen.
2 Mit dem Sauerrahm und dem Lachs servieren.

TIPP Setzen Sie die Kartoffelpuffer zu Burgern aufeinander. Dann werden sie von Kindern im wahrsten Sinne des Wortes doppelt so gerne gegessen.

Kartoffel-Zucchini-Puffer mit Mozzarella

Zutaten für 2 Kinder und 1 Erwachsenen
1 Zucchini • 400 g Kloßteig • 0,1 l H-Milch • Salz, Pfeffer
80 g Butterschmalz, z. B Butarina • 1 Päckchen
Mozzarella (125 g)

Preis:
ca. 3,54 DM

1 Die Zucchini waschen, putzen und auf der Rohkostreibe raspeln. Den Kloßteig mit der Milch und den Zucchiniraspeln verrühren. Mit Salz und Pfeffer würzen.

2 Portionsweise im erhitzten Butterschmalz aus der Masse Kartoffelpuffer backen. Den Käse in Scheiben schneiden. Auf den Puffern verteilen. Zugedeckt schmelzen lassen.

Mozzarella eignet sich besonders gut zum Überbacken, da er sehr schnell schmilzt und nicht so viel Eigengeschmack hat wie beispielweise Emmentaler.

TIPP Anstelle von Mozzarella können Sie auch geriebenen Emmentaler oder Gouda zum Überbacken nehmen.

Bratkartoffeln mit Brathering

Zutaten für 2 Kinder und 1 Erwachsenen
1 Packung Bratkartoffeln • 80 g Butterschmalz,
z. B. Butarina • 1 Glas Brathheringe • einige Gewürzgurken

Preis:
ca. 4,59 DM

1 Die Bratkartoffeln nach Vorschrift im Butterschmalz auf beiden Seiten goldbraun braten.

2 Die Bratheringe und die Gewürzgurken zu den Bratkartoffeln servieren.

TIPP Kindern, die keinen Fisch mögen, können Sie zu Bratkartoffeln auch Spiegeleier mit Speck oder einen Kräuter-Joghurt-Dip servieren.

Kartoffel-Käse-Gratin

Preis:
ca. 2,99 DM

Zutaten für 2 Kinder und 1 Erwachsenen
500 g Kartoffeln • 125 g Schinkenwürfel • 200 g H-Sahne
1 Ei • Salz, Pfeffer • Muskatnuss • Butter • 100 g geriebener
Emmentaler

Wenn Sie das Kartoffelgratin ohne Schinken und Käse zubereiten, können Sie es auch als Beilage zu einem feinen Braten servieren.

1 Die Kartoffeln waschen, schälen und auf der Rohkostreibe in hauchdünne Scheiben hobeln. Die Schinkenwürfel in einer beschichteten Pfanne auslassen.
2 Die Sahne mit dem Ei sowie etwas Salz, Pfeffer und Muskatnuss verquirlen. Die Kartoffelschei-ben in eine gebutterte Auflaufform schichten. Die Schinkenwürfel dazwischen streuen.
3 Die Ei-Sahne-Mischung gleichmäßig darüber gießen. Dann mit dem Käse bestreuen. Im vorgeheizten Backofen bei 200 °C ca. 45 Minuten goldgelb überbacken.

Im Gegensatz zu vielen anderen Reisgerichten wird bei Risotto darauf Wert gelegt, dass der Reis beim Servieren noch feucht ist.

Risotto mit Putenbrust

Zutaten für 2 Kinder und 1 Erwachsenen
1 Zwiebel · Öl · 200 g Reis · 0,2 l Geflügelbrühe (Instant)
300 g gekochte Putenbrust · 200 g H-Sahne · frische oder
getrocknete Petersilie · Salz, Pfeffer

Preis:
ca. 5,51 DM

1 Die Zwiebel abziehen und fein hacken. In erhitztem Öl andünsten. Den Reis hinzufügen und kurz mitbraten. Dann mit der Geflügelbrühe ablöschen.
2 Den Reis 1-mal aufkochen lassen. Dann von der heißen Herdplatte nehmen und zugedeckt ca. 20 Minuten quellen lassen.
3 Die gekochte Putenbrust in kleine Würfelchen schneiden. Mit der Sahne und der Petersilie unter den Risotto rühren. Kurz miterhitzen, mit Salz und Pfeffer würzen. Sofort servieren.

Der Risotto darf ruhig schön matschig sein – so mögen Kinder Reis am liebsten. Wenn Sie Reis als Beilage servieren, sollte das Hauptgericht saucenreich sein.

Risotto mit Schinken und Erbsen

Zutaten für 2 Kinder und 1 Erwachsenen
1 kleine Zwiebel · Öl · 200 g Reis · 0,2 l Gemüsebrühe
(Instant) · 100 g Hinterschinken, gekocht · 1 Dose Erbsen
200 g H-Sahne · Salz, Pfeffer

Preis:
ca. 2,95 DM

1 Die Zwiebel abziehen und fein hacken. In erhitztem Öl andünsten. Den Reis hinzufügen und kurz mitbraten. Dann mit der Gemüsebrühe ablöschen.
2 Den Reis wie oben beschrieben 1-mal aufkochen und zugedeckt quellen lassen.
3 Den Schinken in Streifen schneiden, die Erbsen abtropfen lassen. Mit der Sahne unter den Risotto rühren. Kurz miterhitzen und würzen.

Brokkoli mit Schinken und Käse überbacken

Preis:
ca. 3,34 DM

Zutaten für 2 Kinder und 1 Erwachsenen
750 g Brokkoli · Salz · 125 g Schinkenwürfel · Butter
125 g geriebener Emmentaler

Nach Gemüse-gerichten mit Käse sollten Sie Ihren Kindern als Dessert leichte Quark-speisen oder fettarmen Joghurt mit fri-schen Früchten servieren.

1 Den Brokkoli waschen, putzen und in Röschen teilen. Die harten Stiele der Länge nach halbieren und in Scheibchen schnei-den. Zusammen in reich-lich Salzwasser bissfest garen. Dann gut abtrop-fen lassen.
2 Die Schinkenwürfel in einer beschichteten Pfanne auslassen. Den

Brokkoli in eine gebutter-te Auflaufform geben. Mit den Schinkenwürfeln und dem Käse bestreuen.
3 Butterflöckchen darauf setzen und im vorgeheiz-ten Backofen bei einer Temperatur von 180 °C überbacken, bis der Käse schmilzt. Dazu in Butter geschwenkte Salz-kartoffeln servieren.

TIPP Die Kombination Gemüse plus Käse kommt bei Kindern immer besonders gut an, denn sie lieben farbi-ge Kontraste. Auf die gleiche Weise wie den überbacke-nen Brokkoli können Sie auch Wirsing oder Blumen-kohl zubereiten.

Gemischtes Gemüse mit Schmelzkäsesauce

Preis:
ca. 3,58 DM

Zutaten für 2 Kinder und 1 Erwachsenen
750 g gemischtes Gemüse, z. B. Wirsing, Möhren, Brokkoli
und Blumenkohl · Salz · 150 g Schmelzkäsezubereitung
300 g H-Sahne · Pfeffer · 50 g Butter

1 Das Gemüse waschen, putzen bzw. schälen und in mundgerechte Stücke schneiden. Blumenkohl oder Brokkoli in Röschen teilen. Dann separat in Salzwasser blanchieren und gut abtropfen lassen.

2 Den Schmelzkäse bei geringer Hitze in der Sahne zergehen lassen. Mit Pfeffer würzen.
3 Das Gemüse in erhitzter Butter schwenken. Mit der Schmelzkäsesauce servieren.

TIPP Damit das Essen für Kinder saftig genug ist, sollten Sie zu gefülltem und überbackenem Gemüse am besten eine Tomatensauce servieren.

Überbackene Zucchini

Zutaten für 2 Kinder und 1 Erwachsenen
3 Zucchini · 3 feste Tomaten · 1 Zwiebel · Butter
125 g Schinkenwürfel · 150 g gegarter Reis · Salz, Pfeffer
100 g geriebener Emmentaler

Preis:
ca. 4,44 DM

1 Die Zucchini längs halbieren und aushöhlen. Das Fruchtfleisch klein hacken. Die Tomaten kurz in heißes Wasser tauchen, häuten und grob würfeln. Die Zwiebel abziehen und klein hacken.
2 Die Zwiebel in erhitzter Butter andünsten. Die Schinkenwürfel hinzufügen und kurz mitbraten. Die Tomaten und die Zucchini zugeben und kurz miterhitzen. Zuletzt den gegarten Reis unterrühren und alles würzen.
3 Die Zucchinihälften mit dem Schinkenreis füllen. Auf ein mit Backpapier belegtes Blech setzen. Den Käse gleichmäßig darüber streuen. Im vorgeheizten Backofen bei 200 °C ca. 15 Minuten überbacken.

Reis nimmt schon beim Garen sehr gut Gewürze und Aromen an. Kochen Sie ihn daher nicht nur in Salzwasser, sondern in Brühe, Tomatensaft oder einem Wasser-Wein-Gemisch.

Omelett

Preis:
ca. 0,63 DM

Grundrezept für 2 Kinder
4 Eier • 4 EL Mineralwasser • Salz, Pfeffer • Butter

1 Die Eier mit dem Mineralwasser verquirlen. Mit Salz und Pfeffer würzen.
2 Die Butter in einer beschichteten Pfanne erhitzen. Dann die Eiermasse hineingießen, mit einer Gabel umrühren und zugedeckt stocken lassen.

TIPP Als Beilagen zu Omeletts passen am besten gemischte Blattsalate mit Joghurtdressing und als Dessert frische Früchte der Saison.

Omelett mit Fleischwurst und Paprika

Zutaten für 2 Kinder

Preis:
ca. 1,35 DM

100 g Fleischwurst • je 1/2 rote und grüne Paprikaschote
Butter • 4 Eier • 4 EL Mineralwasser • Salz, Pfeffer

1 Die Fleischwurst häuten und in dünne Scheiben schneiden. Die Paprika halbieren, waschen, entkernen und in feine Streifen schneiden.
2 Die Wurstscheiben in erhitzter Butter auf beiden Seiten anbraten. Die Paprikastreifen hinzufügen und kurz mitbraten.

3 Die Eier mit dem Mineralwasser und den Gewürzen verquirlen. Die Butter erhitzen. Die Eiermasse hineingießen. Mit einer Gabel umrühren und etwas stocken lassen.
4 Die Wurstscheiben und das Gemüse darauf verteilen, zugedeckt bei geringer Hitze stocken lassen.

Anstelle von Fleischwurst können Sie auch Cabanossi oder Edelsalami verwenden.

Omelett mit Pilzen und Mozzarella

Zutaten für 2 Kinder
200 g Champignons · 50 g Schwarzwälder-Schinken-
Aufschnitt · 1 feste Tomate · Butter · 1 Päckchen Mozzarella
(125 g) · 4 Eier · 4 EL Mineralwasser · Salz, Pfeffer

Preis:
ca. 3,38 DM

1 Die Pilze mit Küchenkrepp säubern und blättrig schneiden. Den Schinken klein würfeln. Die Tomate in dünne Scheiben schneiden.
2 Den Schinken in erhitzter Butter kurz braten, Pilze hinzufügen und 5 Minuten darin dünsten. Die Tomate zugeben und 1 Minute mitschmoren lassen.

3 Den Mozzarella in Scheiben schneiden. Die Eier mit dem Mineralwasser verquirlen und würzen.
4 Die Butter in einer Pfanne erhitzen. Die Eiermasse hineingießen. Mit einer Gabel umrühren und etwas stocken lassen. Das Gemüse und den Käse darauf verteilen und zugedeckt bei geringer Hitze fertig stocken lassen.

Für Omeletts und Rühreier sollten Sie Eigelbe und Eiweiß gut miteinander verschlagen. Achten Sie aber darauf, die Eier nicht schaumig zu rühren.

Omelett mit Kräutern

Zutaten für 2 Kinder
50 g Hinterschinken, gekocht · 4 Eier · 4 EL Mineralwasser
Salz, Pfeffer · frische oder getrocknete Gartenkräuter · Butter

Preis:
ca. 1,14 DM

1 Den Schinken klein würfeln. Die Eier mit dem Mineralwasser verquirlen. Mit Salz, Pfeffer und den Kräutern würzen. Den Schinken unterrühren.

2 Die Butter in einer Pfanne erhitzen. Die Eiermasse hineingießen. Mit einer Gabel umrühren und zugedeckt bei geringer Hitze stocken lassen.

Eier auf Blattspinat

Preis:
ca. 3,38 DM

Zutaten für 2 Kinder und 1 Erwachsenen
500 g Blattspinat · 1 Zwiebel · Butter · Salz, Pfeffer · 4 Eier
75 g geriebener Emmentaler

Statt den Spinat im Ofen zu überbacken, können Sie ihn natürlich auch auf die klassische Art mit Spiegeleiern servieren.

1 Den Spinat verlesen, waschen und putzen. Die Zwiebel abziehen und fein hacken.
2 Die Zwiebel in erhitzter Butter andünsten. Den nassen Spinat hinzufügen, würzen und dünsten, bis er zusammenfällt.
3 Den Spinat abkühlen lassen, leicht ausdrücken und in einer ausgebutterten Auflaufform verteilen. Die Eier aufschlagen und hineingleiten lassen.
4 Den geriebenen Emmentaler darüber streuen. Im vorgeheizten Grill überbacken, bis das Eiweiß gestockt ist. Mit Salzkartoffeln als Beilage servieren.

Eier mit grüner Sauce

Preis:
ca. 1,34 DM

Zutaten für 2 Kinder und 1 Erwachsenen
4 Eier · 200 g Schmand · scharfer Senf · Salz, Pfeffer
frische oder getrocknete Gartenkräuter

1 Die Eier wachsweich kochen, kalt abschrecken, pellen und halbieren.
2 Den Schmand mit etwas Senf verrühren. Mit Salz, Pfeffer und den Gartenkräutern abschmecken. Die Eier halbieren und mit der Kräutersauce anrichten. Mit Pellkartoffeln als Beilage servieren.

TIPP Eiergerichte sind im Nu zubereitet, preiswert und werden von der ganzen Familie gerne gegessen.

Pochierte Eier mit Zucchini und Tomatensauce

Zutaten für 2 Kinder und 1 Erwachsenen
2 Zucchini • 4 Tomaten • 1 Zwiebel • Öl • Salz, Pfeffer • Zucker
1 l Wasser • 5 EL Weinessig • 4 Eier

Preis:
ca. 2,11 DM

1 Die Zucchini waschen, putzen und in Scheiben schneiden. Die Tomaten überbrühen, häuten, grob zerkleinern, dabei den Saft auffangen.
2 Die Zwiebel abziehen und fein hacken. In erhitztem Öl andünsten. Die Tomaten hinzufügen und miterhitzen. Mit Salz, Pfeffer und 1 Prise Zucker würzen.

3 Das Wasser mit dem Essig erhitzen. Die Eier einzeln in eine Tasse schlagen. Ins Essigwasser gleiten und ca. 4 Minuten darin ziehen lassen.
4 Die Zucchinischeiben mit Küchenkrepp trockentupfen. In erhitztem Öl auf beiden Seiten braten. Mit Tomaten und Eiern anrichten. Dazu Sonnenblumenbrot servieren.

Damit Sie ganz sicher sein können, wann das Haltbarkeitsdatum abgelaufen ist, befestigen Sie einen Zettel mit dem entsprechenden Datum am Eierfach des Kühlschranks.

Kräuterrühreier

Zutaten für 2 Kinder und 1 Erwachsenen
6 Eier • 6 EL H-Milch • Salz, Pfeffer • frische oder
getrocknete Gartenkräuter • Butter

Preis:
ca. 0,97 DM

1 Die Eier mit der Milch, den Gewürzen und fein gehackten Kräutern verquirlen.
2 In einer Pfanne etwas Butter erhitzen und das Rührei bei geringer Hitze darin stocken lassen. Mit geschälten, in Butter geschwenkten Pellkartoffeln und einem grünen Salat als Beilage servieren.

Pfannkuchen

Preis:
ca. 1,59 DM

Grundrezept für ca. 10 Stück
8 Eier · 1/4 l H-Milch · Salz · 200 g Mehl · Öl

Für Pfann-
kuchen gilt das
Gleiche wie für
Kartoffelpuffer
und Bratkar-
toffeln: Zum
Ausbacken
sollte man am
besten eine
schwere Eisen-
pfanne ver-
wenden.

1 Die Eier mit der Milch und etwas Salz verquirlen. Dann das gesiebte Mehl löffelweise unterrühren. Den Teig bei Zimmer-temperatur ca. 30 Minuten ruhen lassen.

2 In einer Pfanne etwas Öl erhitzen. Jeweils einen Schöpflöffel Teig hinein-geben. Die Pfanne dabei leicht hin- und herrütteln, damit sich der Teig gleich-mäßig verteilt. Sobald die Unterseite goldgelb ist, den Pfannkuchen wenden und fertig backen.

3 Die Pfannkuchen auf einem Teller stapeln und im auf 50 °C vorgeheizten Backofen warm stellen. Mit Zucker bestreuen oder mit Erdbeerkon-fitüre oder Nuss-Nougat-Creme bestreichen, auf-rollen und servieren.

Pfannkuchen mit Pilzfüllung

Zutaten für ca. 5 Stück
4 Eier · 1/8 l H-Milch · Salz · 100 g Mehl · 500 g Champignons
Zitronensaft · 1 Zwiebel · 100 g Schwarzwälder-Schinken-
Aufschnitt · Butter · Pfeffer · Öl

Preis:
ca. 5,47 DM

1 Aus den Eiern mit der Milch, 1 Prise Salz und dem Mehl wie im Grund-rezept beschrieben einen Pfannkuchenteig zube-reiten und 30 Minuten ruhen lassen.

2 Die Pilze mit Küchen-krepp säubern und frisch anschneiden. Dann blättrig schneiden und mit etwas Zitronensaft beträufeln.

3 Die Zwiebel abziehen und fein hacken. Den

Schinken in kleine Würfel schneiden. Die Zwiebel in erhitzter Butter andünsten. Den Schinken hinzufügen und kurz mitbraten.
4 Die Pilze zugeben. Mit Salz und Pfeffer würzen. Zugedeckt bei mittlerer Hitze ca. 15 Minuten schmoren lassen.
5 Aus dem Teig nacheinander in erhitztem Öl Pfannkuchen ausbacken. Je 2 Esslöffel Pilzgemüse darauf verteilen, aufrollen und sofort servieren.

TIPP Übriggebliebene Pfannkuchen für Flädlesuppe verwenden. Dafür die Pfannkuchen aufrollen und in hauchdünne Scheiben schneiden. Als Einlage in heiße Fleisch- oder Gemüsebrühe geben.

Nie zu viel Fett auf einmal in die Pfanne geben. Besser ist es, wenn Sie nach jedem Pfannkuchen wieder etwas Fett hinzufügen und es erhitzen, bevor Sie wieder Teig hineingeben.

Pfannkuchen mit Gemüse und Schinken

Zutaten für ca. 5 Stück
4 Eier · 1/8 l H-Milch · Salz · 100 g Mehl · je 1 Dose Erbsen und Mais · 100 g Hinterschinken, gekocht · Butter · Pfeffer · Öl

**Preis:
ca. 3,24 DM**

1 Aus Eiern, Milch, 1 Prise Salz und dem Mehl wie im Grundrezept beschrieben einen Pfannkuchenteig zubereiten, 30 Minuten ruhen lassen.
2 Das Gemüse abtropfen lassen. Den Schinken in feine Streifen schneiden. Alles zusammen in erhitzter Butter erwärmen und leicht würzen.
3 Aus dem Pfannkuchenteig in erhitztem Öl Pfannkuchen backen. Je 2 Esslöffel Gemüse darauf verteilen, aufrollen und sofort servieren.

TIPP Die Füllung der Pfannkuchen beliebig nach den Wünschen der Kinder variieren.

Pfannkuchen mit Banane

Zutaten für ca. 5 Stück
4 Eier • 1/8 l H-Milch • Salz • 100 g Mehl • 2 Bananen
Butter • 1 EL Zucker • 2 EL H-Sahne • 2 EL fein gehackte
Mandeln • Öl

Preis:
ca. 1,74 DM

Pfannkuchen –
da schnell ge-
backen – sind
ideal, wenn
Kinder nicht
zur gleichen
Zeit Schul-
schluss haben.

1 Aus den Eiern mit der Milch, 1 Prise Salz und dem Mehl wie im Grundrezept beschrieben einen Teig zubereiten und 30 Minuten ruhen lassen.
2 Die Bananen schälen und in Scheiben schneiden. In erhitzter Butter bei geringer Hitze auf beiden Seiten braten.

3 Den Zucker darüber streuen und karamelisieren lassen. Zuletzt die Sahne hinzufügen und die Mandeln darüber streuen.
4 Aus dem Teig in erhitztem Öl nacheinander Pfannkuchen backen. Einen Teil der Bananenscheiben darauf verteilen und sofort servieren.

Pfannkuchen mit
Früchten sind bei
Kindern sehr
beliebt. Sie
können das Obst
entweder klein
geschnitten unter
den Teig mischen
oder auf den Teig
in die Pfanne
geben.

Pfannkuchen mit Aprikosen

Zutaten für ca. 5 Stück
4 Eier · 1/8 l H-Milch · Salz · 100 g Mehl · 1/2 Dose Aprikosen-
hälften · Zitronensaft · 2 EL Sultaninen · Öl

Preis:
ca. 1,34 DM

1 Aus Eiern, Milch, 1 Prise Salz und Mehl wie im Grundrezept beschrieben einen Teig zubereiten, 30 Minuten ruhen lassen.
2 5 Esslöffel Aprikosensaft mit etwas Zitronensaft erhitzen, Sultaninen zufügen, einkochen lassen.

3 Die Aprikosen in Spalten schneiden. Zum Aprikosensaft geben und einmal aufkochen lassen.
4 Aus dem Teig in erhitztem Öl Pfannkuchen ausbacken. Einen Teil der Aprikosen darauf verteilen und sofort servieren.

Apfelpfannkuchen

Zutaten für ca. 5 Stück
4 Eier · 1/8 l H-Milch · Salz · 100 g Mehl · 2 Äpfel
1 EL Sultaninen · 2 EL Zucker · gemahlener Zimt · Öl

Preis:
ca. 1,61 DM

1 Die Eier trennen. Aus den Eigelben mit Milch, 1 Prise Salz und dem Mehl einen Pfannkuchenteig zubereiten und 30 Minuten ruhen lassen. Das Eiweiß beiseite stellen.
2 Die Äpfel schälen und in dünne Scheiben schneiden. Die Sultaninen, den Zucker und etwas Zimt

darüber streuen. Zugedeckt ca. 15 Minuten ziehen lassen.
3 Das Eiweiß steif schlagen und mit den Äpfeln unter den Pfannkuchenteig heben. In erhitztem Öl nacheinander Apfelpfannkuchen ausbacken. Mit Zimtzucker bestreuen und sofort servieren.

Anstelle von Äpfeln können Sie auch abgetropfte Kirschen mit dem Eischnee unter den Pfannkuchenteig heben.

Kartoffel-Lauch-Suppe

Zutaten für 2 Kinder und 1 Erwachsenen
500 g vorwiegend fest kochende Kartoffeln • 2 Möhren
1 große Stange Lauch • Butter • 0,6 l Fleischbrühe (Instant)
125 g Schinkenwürfel • 200 g H-Sahne • Salz, Pfeffer

Preis:
ca. 2,12 DM

Sommerlauch ist zart und hellgrün, Winterlauch hingegen ist kräftig und dunkelgrün. Sein Geschmack ist intensiver.

1 Das Gemüse waschen und putzen. Die Kartoffeln und die Möhren schälen und würfeln, den Lauch in Ringe schneiden.
2 Den Lauch in erhitzter Butter kurz dünsten, dann die Kartoffeln und die Möhren hinzufügen. Mit der Brühe auffüllen. Bei geringer Hitze ca. 30 Minuten kochen lassen.
3 Die Schinkenwürfel in einer beschichteten Pfanne auslassen. Die Suppe mit der Sahne im Mixer pürieren. Kurz erhitzen und abschmecken. Mit den Schinkenwürfelchen servieren.

Gemüsesuppe mit Käse

Zutaten für 2 Kinder und 1 Erwachsenen
750 g Gemüse, z. B. Blumenkohl, Möhren, Zuckerschoten
und Kohlrabi • 100 g Südtiroler Bauernspeck • Butter
3/4 l Gemüsebrühe (Instant) • Pfeffer • Muskatnuss
frische oder getrocknete Gartenkräuter • 3 Scheiben Toast-
brot • 100 g geriebener Emmentaler

Preis:
ca. 6,07 DM

1 Das Gemüse waschen, putzen bzw. schälen und in kleine Würfel schneiden. Den Blumenkohl in Röschen teilen, die Zuckerschoten dritteln.
2 Den Speck in kleine Würfel schneiden. In erhitzter Butter rundum goldbraun rösten. Das Gemüse hinzufügen. Dann mit der Brühe auf-

füllen. Zugedeckt bei geringer Hitze ca. 25 Minuten kochen lassen. Mit Pfeffer, Muskatnuss und fein gehackten Kräutern würzen und abschmecken.

3 Die Toastscheiben in Würfel schneiden. In einer beschichteten Pfanne goldgelb rösten. Vor dem Servieren mit dem Käse über die Suppe streuen.

TIPP Nach Suppen und Eintöpfen kann man gut eine leichte Quarkspeise als Dessert servieren.

Gemüsesuppe mit Nudeln

Zutaten für 2 Kinder und 1 Erwachsenen
125 g Fadennudeln • 2 Stangen Lauch
einige Wirsingblätter • 2 Möhren • 1 Zwiebel • Olivenöl
3/4 l Gemüsebrühe (Instant) • Salz, Pfeffer • frische oder
getrocknete Petersilie

**Preis:
ca. 1,91 DM**

1 Die Nudeln nach Vorschrift bissfest garen.
2 Das Gemüse waschen und schälen, den Lauch in Ringe, den Wirsing und die Möhren in feine Streifen schneiden. Die Zwiebel abziehen und fein hacken.
3 Die Zwiebel in erhitztem Öl glasig dünsten.

Das Gemüse hinzufügen, kurz mitdünsten. Dann mit der Gemüsebrühe auffüllen. Zugedeckt bei geringer Hitze ca. 20 Minuten kochen lassen.
4 Die Nudeln hinzufügen. Mit Salz, Pfeffer und fein gehackter Petersilie würzen und die Suppe nochmals kurz erhitzen.

Die glattblättrige, dunkelgrüne Petersilie würzt stärker als die bei uns übliche krause Petersilie.

TIPP Das Gemüse je nach Jahreszeit und Vorlieben der Kinder variieren. Wenn es schnell gehen soll, tiefgekühltes Gemüse verwenden.

Chili-Mais-Eintopf mit Würstchen

Preis:
ca. 4,05 DM

Zutaten für 2 Kinder und 1 Erwachsenen
1 Dose Tomaten • 2 Dosen Kidneybohnen • 1 Dose Mais • Salz
edelsüßer Paprika • 2 Paar Wiener Würstchen • Öl

Wenn keine Kinder mitessen, können Sie den Chili-Mais-Eintopf mit einer Prise Cayennepfeffer und ein paar Spritzern Tabasco scharf abschmecken.

1 Die Tomaten mitsamt dem Saft in eine Pfanne schütten und mit einer Gabel zerdrücken. Die Kidneybohnen und den Mais abtropfen lassen. Hinzufügen und miterhitzen. Mit Salz und Paprikapulver würzen.

2 Die Würstchen in 2 bis 3 Zentimeter lange Stücke schneiden und diese halbieren. In einer zweiten Pfanne in etwas erhitztem Öl rundum braten, bis sie sich krümmen. Dann unter die Bohnen mischen.

INFO Wenn Kinder in der kalten Jahreszeit den Nachmittag beim Spielen im Freien verbracht haben, dann ist so ein Eintopf genau das Richtige zum Aufwärmen.

Bohneneintopf mit Speck

Preis:
ca. 2,16 DM

Zutaten für 2 Kinder und 1 Erwachsenen
100 g roher Bauchspeck • 1 Zwiebel • 1 Dose Tomaten
1 Dose Brechbohnen • Salz, Pfeffer

1 Den Speck in Würfel schneiden. Die Zwiebel abziehen und fein hacken.
2 Den Speck in einem Topf auslassen. Die Zwiebel hinzufügen und goldgelb dünsten. Die

Tomaten mit dem Saft hinzufügen und mit einer Gabel zerdrücken.
3 Die Bohnen abtropfen lassen, hinzufügen und miterhitzen. Zuletzt mit Salz und Pfeffer würzen.

Nudeltopf mit Putenbrust

Zutaten für 2 Kinder und 1 Erwachsenen
200 g Bandnudeln · 2 Möhren · 250 g gekochte Putenbrust
Butter · 1/2 l heiße Gemüsebrühe (Instant) · Salz, Pfeffer
frische oder getrocknete Petersilie

Preis:
ca. 4,21 DM

1 Die Nudeln nach Vorschrift bissfest garen. Die Möhren putzen, schälen und in feine Streifen schneiden. Die Putenbrust würfeln.
2 Die Möhren in erhitzter Butter kurz dünsten.

Die Nudeln hinzufügen und mit der Brühe auffüllen. Das Putenfleisch unterrühren und alles 5 Minuten erhitzen.
3 Zuletzt mit Salz, Pfeffer und fein gehackter Petersilie würzen.

Verwenden Sie nach Möglichkeit jodiertes Salz. Es hilft, einen eventuell vorhandenen Mangel an Jod auszugleichen.

TIPP Nudelsuppen sind rasch zubereitet und schmecken allen Kindern. Zur Abwechslung können Sie zusätzlich 1 Dose abgetropfte Erbsen hinzufügen.

Linseneintopf mit Cabanossi

Zutaten für 2 Kinder
1 Dose Linsen mit Suppengrün · 150 g Cabanossi
Salz, Pfeffer · frische oder getrocknete Petersilie

Preis:
ca. 1,68 DM

1 Die Linsen erhitzen. Die Cabanossi in feine Scheiben schneiden. Unterrühren und miterhitzen.

2 Zuletzt den Eintopf mit Salz, Pfeffer und fein gehackter Petersilie abschmecken.

TIPP Anstelle von Cabanossi können Sie auch Kassler oder gekochten Bauchspeck verwenden.

Apfel-Brot-Auflauf

Zutaten für 1 große Auflaufform
8 altbackene Brötchen · 1/2 l H-Milch · 2 Päckchen
Vanillezucker · 100 g Butter · 1 kg Äpfel · Zitronensaft
4 Eier · 100 g Zucker · 100 g Haselnüsse · 50 g Sultaninen
Semmelbrösel

Preis:
ca. 6,71 DM

Vor einem süßen Hauptgericht sollten Sie eine leichte Suppe servieren, beispielsweise eine klare Brühe mit Flädle oder mit Gemüsestreifen.

1 Die altbackenen Brötchen in dünne Scheiben schneiden und in eine flache Schüssel legen. Die Milch mit dem Vanillezucker und der Butter erhitzen. Über die Brötchenscheiben gießen. Mit einem Teller beschweren und 30 Minuten ziehen lassen.
2 Die Äpfel schälen, halbieren, entkernen und in dünne Spalten schneiden. Mit etwas Zitronensaft beträufeln.
3 Die Eier trennen. Die Eigelbe mit 50 Gramm Zucker schaumig schlagen. Das Eiweiß mit dem restlichen Zucker steif schlagen.

4 Die Eigelb- und die Eiweißmasse locker vermischen. Dann die grob gehackten Haselnüsse, die Sultaninen und die Brötchenscheiben untermischen.
5 Abwechselnd Brötchenmasse und Apfelspalten in eine gebutterte und mit Semmelbröseln ausgestreute Auflaufform füllen. Die Oberfläche leicht glatt streichen und Butterflöckchen darauf setzen.
6 Im vorgeheizten Backofen bei einer Temperatur von 180 °C ca. 40 Minuten goldgelb backen. Dazu Vanillesauce servieren.

TIPP Anstelle von Semmelbröseln können Sie auch gemahlene Haselnüsse oder Mandeln zum Ausstreuen der Auflaufform verwenden.

Apfelstrudel

Zutaten für 1 großen Strudel
300 g Mehl • 1 Ei • 1 EL Öl • Salz • 1/8 l lauwarmes Wasser
1,5 kg Äpfel • Zitronensaft • 75 g Zimtzucker
1 Päckchen Vanillezucker • fein abgeriebene Schale
von 1 unbehandelten Zitrone • 100 g Sultaninen
75 g zerlassene Butter • 100 g Semmelbrösel
50 g gemahlene Haselnüsse • Puderzucker

Preis:
ca. 6,77 DM

1 Das Mehl sieben. Mit dem Ei, dem Öl, etwas Salz und dem Wasser zu einem Strudelteig verkneten. Auf einer bemehlten Arbeitsfläche kräftig durcharbeiten, abwechselnd auseinanderziehen und zusammenfalten. Zu einer Kugel formen und 30 Minuten bei Raumtemperatur ruhen lassen.
2 Die Äpfel schälen, halbieren, entkernen und achteln. Dann in 1 Zentimeter dicke Scheiben schneiden. Mit Zitronensaft beträufeln. Mit dem Zimtzucker, dem Vanillezucker, der Zitronenschale und den Sultaninen vermischen.
3 Den Strudelteig hauchdünn ausrollen. Dann mit den Händen darunter greifen und hauchdünn ausziehen. Den Teig mit der zerlassenen Butter bepinseln. Dann die Semmelbrösel und die gemahlenen Nüsse gleichmäßig darüber streuen. Die Äpfel darauf verteilen, dabei die Ränder frei lassen.
4 Den Strudel vorsichtig aufrollen. Hufeisenförmig auf ein mit Backpapier belegtes Blech setzen. Mit zerlassener Butter bepinseln. Im auf 200 °C vorgeheizten Backofen ca. 30 Minuten backen. Mit Puderzucker bestäuben und heiß servieren.
Dazu Vanillesauce oder Schlagrahm reichen.

Verwenden Sie für einen Apfelstrudel möglichst mürbe Äpfel, beispielsweise Boskop oder Cox Orange.

Kirschplotzer

Zutaten für 1 Springform mit 26 cm Durchmesser
1 Tafel Halbbitterschokolade · 3 Eier · 50 g Butter
50 g Zucker · gemahlener Zimt · 4 El Zitronensaft
150 g Biskuitbrösel · 50 g gemahlene Haselnüsse
2 EL Zucker · 500 g frische Kirschen oder 1 Glas gut
abgetropfte Kirschen · Semmelbrösel

Preis:
ca. 3,38 DM

Gemahlene Haselnüsse sollten Sie nicht im Küchenschrank, sondern vakuumverpackt im Gefriergerät aufbewahren. So bleiben sie länger frisch und werden nicht so schnell ranzig.

1 Die Schokolade auf der Rohkostreibe fein raspeln. Die Eier trennen. Die Butter schaumig rühren. Abwechselnd die Eigelbe und etwas Zucker unterrühren. Dann die geraspelte Schokolade und etwas gemahlenen Zimt hinzufügen.

2 Den Zitronensaft unter die Biskuitbrösel und die gemahlenen Haselnüsse mischen. Das Eiweiß mit dem Zucker steif schlagen.

3 Zuerst die eingeweichten Biskuitbrösel, dann die gewaschenen, nicht entsteinten Kirschen unter die Eigelbcreme mischen. Zuletzt den Eischnee vorsichtig unterheben.

4 Die Masse in eine ausgefettete und mit Semmelbröseln ausgestreute Springform füllen. Die Oberfläche glatt streichen und Butterflöckchen darauf setzen. Im vorgeheizten Backofen bei einer Temperatur von 200 °C ca. 10 Minuten backen. Dann die Hitze auf 180 °C zurückschalten und den Kirschplotzer noch ca. 1 Stunde weiterbacken. Nach Belieben heiß oder kalt servieren. Dazu Vanillesauce oder Schlagrahm reichen.

TIPP Für einen Kirschplotzer verwenden Sie am besten Knorpel- oder Herzkirschen. Je »speckiger« ein Kirschplotzer ist, desto besser schmeckt er.

Kaiserschmarren

Zutaten für 2 Kinder und 1 Erwachsenen
3 Eier • 50 g Mehl • 1 EL Zucker • 100 g Butter • Salz
2 EL Sultaninen • Puderzucker • 1 Glas Apfelkompott mit
Stücken oder 1 Glas Kirschen

Preis:
ca. 2,07 DM

1 Die Eier trennen. Die Eigelbe mit dem Mehl, dem Zucker, 50 Gramm Butter und 1 Prise Salz gut verrühren. Die Sultaninen untermischen und den Teig 15 Minuten ruhen lassen.
2 Das Eiweiß steif schlagen und locker unter den Teig heben. Die restliche Butter in einer Pfanne er- hitzen. Den Teig hinein- gießen, dabei die Pfanne hin- und herrütteln.
3 Sobald die Unterseite goldbraun ist, den Schmar- ren wenden, dabei mit Hilfe von zwei Gabeln in größere Stücke reißen und bräunen lassen. Zu- letzt Puderzucker dar- über streuen. Mit Apfel- kompott servieren.

Grießbrei mit Zimtzucker

Zutaten für 2 Kinder
1/2 l Milch • 50 g Zucker • 1 Päckchen Vanillezucker • 1 Stück
Zitronenschale • 75 g Grieß • 1 Ei • 1 Eiweiß • Zimtzucker

Preis:
ca. 0,99 DM

1 Die Milch mit dem Zucker, dem Vanillezucker und der Zitronenschale aufkochen. Den Grieß unter Rühren einrieseln und 20 Minuten bei gerin- ger Hitze kochen lassen.
2 Das Ei trennen. Das Eigelb unter den Grieß- brei rühren. Das Eiweiß steif schlagen und locker unterheben. Mit Zimt- zucker bestreuen und sofort servieren.

Zu Grießbrei passen auch Zwetschgen- kompott, Apfelmus oder eingeweichtes Dörrobst.

Desserts

Sie spielen bei Kindern die Hauptrolle. Wenn es nach ihnen ginge, würde es zu jeder Mahlzeit nur Desserts und sonst gar nichts geben. Bei der Wahl der Nachspeise sollten Sie sich am Hauptgericht orientieren: Nach einer kohlenhydratreichen Mahlzeit mit Nudeln oder Kartoffeln sollte ein eiweißreiches Dessert wie z. B. eine Quarkspeise folgen. Nach einer Suppe darf das Dessert ruhig üppiger ausfallen. Puddings, Quarkspeisen & Co. bieten sich auch als Zwischenmahlzeiten anstelle von Süßigkeiten an. Verwenden Sie bei ihrer Zubereitung möglichst wenig Zucker, denn das Gefühl für Süße lässt sich durchaus steuern. Kinder, die an leicht Gesüßtes gewöhnt sind, lehnen überzuckerte Fertigdesserts ab, ohne dass man sie ihnen verbieten muss.

Leicht und gesund

Frische Früchte bieten sich nicht nur im Sommer als schnelles Dessert an. Kinder, die kein Obst mögen, kann man leicht von seinem guten Geschmack überzeugen, wenn man z. B. verschiedene Fruchtstückchen auf kleine Spießchen zieht und mit etwas Schokoladenkuvertüre überzieht oder einfach nur mit einem Pergamenttütchen ein paar Schokopünktchen auf Erdbeeren oder Bananenscheiben spritzt. Wählen Sie möglichst einheimische Früchte der Saison. Sie enthalten die Vitamine und Mineralstoffe, die Kinder – im Winter verstärkt – benötigen. Geben Sie speziell kleinen Kindern keine exotischen Früchte wie beispielsweise Kiwis. Sie können bei entsprechender Veranlagung Allergien auslösen.

Kinder essen Gemüse und Salate gleich noch mal so gerne, wenn sie wissen, dass es hinterher eine süße Nachspeise gibt.

Schokopudding mit Nüssen

Zutaten für 4 Portionen

Preis:
ca. 1,79 DM

1/2 l H-Milch • 1 Päckchen Puddingpulver mit Schokoladen-
geschmack • 50 g Zucker • 100 g Haselnusskerne

1 Von der Milch 2 Esslöffel abnehmen. Das
Puddingpulver und den
Zucker damit anrühren.
2 Die restliche Milch
zum Kochen bringen. Das
angerührte Pudding-
pulver unterrühren und
die Milch nochmals auf-
kochen lassen.
3 Die Nüsse fein hacken
und unter den fertigen
Pudding rühren. In
4 Schälchen füllen und
kalt stellen. Dazu Vanillesauce servieren.

Schokopudding mit Banane

Zutaten für 4 Portionen

Preis:
ca. 1,56 DM

1/2 l H-Milch • 1 Päckchen Puddingpulver mit Schokoladen-
geschmack • 50 g Zucker • 2 Bananen • Zitronensaft

**Den Pudding
vor dem Ser-
vieren mit fein
gehackten
Nüssen be-
streuen.**

1 Von der Milch 2 Esslöffel abnehmen. Das
Puddingpulver und den
Zucker damit anrühren.
2 Die restliche Milch
zum Kochen bringen. Das
angerührte Puddingpul-
ver unterrühren und
nochmals aufkochen.
3 Die Bananen schälen,
in Scheiben schneiden, mit
Zitronensaft beträufeln
und unter den leicht
abgekühlten Pudding
mischen.
4 Den Pudding in
4 Schälchen füllen und
erkalten lassen.

TIPP Unter den Schokopudding zusätzlich 1/2 Tafel grob
geraspelte Schokolade rühren.

Vanilleflammeri

Zutaten für 4 Portionen
*1/2 l H-Milch • 50 g Zucker • 1 Päckchen Vanillezucker • Salz
40 g Speisestärke • 1 Ei*

**Preis:
ca. 0,81 DM**

1 Von der Milch 4 Esslöffel abnehmen. Die restliche Milch mit dem Zucker, dem Vanillezucker und 1 Prise Salz zum Kochen bringen.
2 Die Speisestärke mit der zurückbehaltenen Milch anrühren. In die heiße Milch rühren und kurz aufkochen lassen.
3 Das Ei trennen. Das Eiweiß steif schlagen.

Den Topf mit dem Flammeri von der heißen Herdplatte nehmen. Zuerst das Eigelb unterrühren, dann den Eischnee locker unterheben.
4 Den Flammeri in 4 mit kaltem Wasser ausgespülte Schälchen füllen. 2 bis 3 Stunden im Kühlschrank kalt stellen. Dann in heißes Wasser tauchen und stürzen.

Bereiten Sie für Kindergeburtstage verschiedene Desserts vor, und präsentieren Sie sie auf einem speziellen Dessertbüffet.

TIPP Für Schokoladenflammeri zusätzlich 50 Gramm grob geraspelte Schokolade in der heißen Milch auflösen.

Schwarz-Weiß-Flammeri

Zutaten für 8 Portionen
*1 l H-Milch • 100 g Zucker • 2 Päckchen Vanillezucker • Salz
50 g Schokolade • 80 g Speisestärke • 2 Eier*

**Preis:
ca. 2,53 DM**

Wie oben beschrieben einen Vanille- und einen Schokoladenflammeri zubereiten. Abwechselnd in eine kalt ausgespülte Form füllen. Dabei die einzelnen Schichten leicht stocken lassen.

Vanillepudding mit Beerenobst

Zutaten für 4 Portionen
1/2 l H-Milch · 1 Päckchen Puddingpulver mit Vanille-geschmack · 50 g Zucker · 500 g gemischtes Beerenobst 50 g Zucker · einige Butterkekse oder Löffelbiskuits

**Preis:
ca. 2,96 DM**

Anstelle von Beerenobst können Sie auch gemischte Früchte aus Glas oder Dose verwenden. Gut abtropfen lassen und mit Pudding und Keksen in eine Form füllen.

1 Von der Milch 2 Esslöffel abnehmen. Das Puddingpulver und den Zucker damit anrühren.
2 Die restliche Milch zum Kochen bringen. Das angerührte Puddingpulver unterrühren und die Milch nochmals aufkochen, dann abkühlen lassen.
3 Das Beerenobst verlesen, überbrausen, putzen und gut abtropfen lassen.

Die Erdbeeren in feine Scheiben schneiden. Den Zucker darüber streuen und kurz ziehen lassen.
4 Das Beerenobst abwechselnd mit dem Vanillepudding in eine flache Schale füllen. Auf die Beeren immer zuerst eine Lage Butterkekse bzw. Löffelbiskuits und dann den Pudding geben. Kalt stellen.

Vanillepudding mit Johannisbeeren

Zutaten für 4 Portionen
1/2 l H-Milch · 1 Päckchen Puddingpulver mit Vanille-geschmack · 50 g Zucker · 125 g Johannisbeergelee Saft von 1 Zitrone

**Preis:
ca. 1,69 DM**

1 Wie oben beschrieben einen Vanillepudding zubereiten.
2 Das Johannisbeergelee erhitzen. Mit dem Zitro-

nensaft glatt rühren. Abwechselnd mit dem abgekühlten Pudding in 4 Schälchen füllen. Kalt stellen.

Frische Früchte sind nicht nur die ideale geschmackliche Ergänzung zum Vanillepudding, sie machen sich auch als Garnierung sehr gut.

Vanillepudding mit Kirschen

Zutaten für 4 Portionen
1/2 Glas Kirschen • 1/2 l H-Milch • 1 Päckchen Puddingpulver mit Vanillegeschmack • 50 g Zucker • 1 EL Speisestärke gemahlener Zimt

Preis:
ca. 1,86 DM

1 Die Kirschen abtropfen lassen, dabei den Saft auffangen. Von der Milch 2 Esslöffel abnehmen. Das Puddingpulver und den Zucker damit anrühren.
2 Die restliche Milch zum Kochen bringen. Das angerührte Puddingpulver unterrühren und die Milch nochmals aufkochen lassen. Beiseite stellen.
3 Den Kirschsaft mit der Speisestärke und etwas Zimt verrühren. Kurz aufkochen lassen.
4 Pudding und Kirschen in 4 Schälchen füllen. Kalt stellen. Mit dem Kirschsaft servieren.

Sie sollten Ihren Kindern ruhig auch zwischendurch anstelle von Süßigkeiten Puddings mit Früchten anbieten.

Grießschnee mit Kirschen

Zutaten für 4 Portionen

1 Glas Kirschen • 1/2 l H-Milch • 60 g Zucker
1 Stück unbehandelte Zitronenschale • Salz • 60 g Grieß
1 Ei • 1/2 Tafel Schokolade

**Preis:
ca. 3,25 DM**

**Hartweizen-
grieß wird vor-
wiegend zur
Herstellung
von Teigwaren
verwendet,
Weichweizen-
grieß für Grieß-
suppen, -pud-
dings u. Ä.**

1 Die Kirschen gut abtropfen lassen. Die Milch mit dem Zucker, der Zitronenschale und 1 Prise Salz aufkochen lassen.
2 Den Grieß unter Rühren einrieseln und bei geringer Hitze ca. 15 Minuten kochen lassen. Das Ei trennen. Das Eiweiß steif schlagen. Zuerst das Eigelb unterrühren, dann den Eischnee unterheben.
3 Die Kirschen in einer flachen Form verteilen. Den heißen Grieß darüber gießen. Abkühlen lassen.
4 Zuletzt die Schokolade raspeln und über den Grießschnee streuen.

Grießschnee mit Birnen

Zutaten für 4 Portionen

4 Birnenhälften aus der Dose • 1/2 l H-Milch • 60 g Zucker
1 Stück unbehandelte Zitronenschale • Salz • 60 g Grieß • 1 Ei

**Preis:
ca. 1,22 DM**

1 Wie im Rezept oben beschrieben einen Grießschnee zubereiten.
2 Die Birnenhälften in einer Schale verteilen.
3 Den heißen Grieß über die Birnen gießen. Abkühlen lassen. Dazu eine Schokoladensauce servieren.

TIPP Selbst gemachte Desserts schmecken nicht nur viel besser als Fertigprodukte aus dem Kühlregal, sie enthalten auch längst nicht so viel Zucker.

Grießschnee mit Orange

Zutaten für 4 Portionen
3 Orangen · 1/2 l H-Milch · 60 g Zucker · 1 Stück unbehandelte Orangenschale · Salz · 60 g Grieß · 1 Ei

Preis:
ca. 1,41 DM

1 2 Orangen schälen, dabei die weiße, pelzige Haut auch entfernen. Dann die Filets aus den Trennhäuten schneiden. Beiseite stellen.
2 Die Milch mit dem Zucker, der Orangenschale und 1 Prise Salz aufkochen lassen.
3 Den Grieß unter Rühren einrieseln und bei geringer Hitze ca. 15 Minuten kochen lassen. Das Ei trennen. Das Eiweiß steif schlagen. Zuerst das Eigelb unterrühren, dann den Eischnee locker unterheben.
4 Die Orangenfilets in einer flachen Form verteilen. Den heißen Grieß darüber gießen. Abkühlen lassen.
5 Die dritte Orange auspressen. Vor dem Servieren den Saft über den Grießschnee gießen.

Grießschnee können Sie Kindern auch als süßes Hauptgericht servieren.

Grießschnee mit Erdbeeren

Zutaten für 4 Portionen
1/2 l H-Milch · 60 g Zucker · 1 Stück unbehandelte Zitronenschale · Salz · 60 g Grieß · 1 Ei · 500 g Erdbeeren Zucker

Preis:
ca. 2,66 DM

1 Wie oben beschrieben einen Grießschnee zubereiten und kalt stellen.
2 Die Erdbeeren überbrausen, putzen und in Scheiben schneiden. Mit etwas Zucker bestreuen und Saft ziehen lassen.
3 Über den Grießschnee geben und servieren.

Aprikosen-Erdbeer-Grütze

Zutaten für 4 Portionen

1/2 Dose Aprikosen • 250 g Erdbeeren

Preis:
ca. 2,62 DM

Aprikosen-Orangen-Nektar • 50 g Zucker

1 Stück unbehandelte Zitronenschale • 60 g Speisestärke

Für Vanille-schlagrahm einfach die Sahne mit einem Päckchen Vanille- und etwas Puderzucker steif schlagen. Anstelle von Vanillezucker können Sie auch ausgekratztes Vanillemark verwenden.

1 Die Aprikosen gut abtropfen lassen, dabei den Saft auffangen. Die Erdbeeren überbrausen, putzen und je nach Größe halbieren oder vierteln.
2 Den aufgefangenen Aprikosensaft mit Aprikosen-Orangen-Nektar auf einen 3/4 Liter ergänzen. In einem kleinen Topf mit dem Zucker und der Zitronenschale aufkochen lassen.

3 Die Früchte hinzufügen und 2 bis 3 Minuten miterhitzen. Die Speisestärke mit etwas Wasser anrühren. Hinzufügen und den Saft nochmals kurz aufkochen lassen, dann vom Herd nehmen.
4 Die Grütze in 4 kalt ausgespülte Dessertschälchen füllen und kühl stellen. Nach Belieben mit Vanillesauce oder Vanilleschlagrahm servieren.

TIPP Anstelle von Aprikosen aus der Dose frische, reife Aprikosen verwenden. Die Früchte halbieren, entsteinen und mit knapp 1/8 Liter Wasser und etwas Zucker bissfest garen.

Erdbeer-Orangen-Grütze

Zutaten für 4 Portionen

2 Orangen • 500 g Erdbeeren • 3/4 l Orangensaft

Preis:
ca. 3,42 DM

75 g Zucker • 1 Päckchen Vanillezucker

1 Stück unbehandelte Orangenschale • 60 g Speisestärke

1 Die Orangen schälen, dabei auch die weiße, pelzige Haut entfernen. Dann die Filets aus den Trennhäuten schneiden.
2 Die Erdbeeren überbrausen, putzen und je nach Größe halbieren oder vierteln.
3 Den Orangensaft mit dem Zucker, dem Vanillezucker und der Orangenschale aufkochen lassen.

4 Die Früchte hinzufügen und 2 bis 3 Minuten miterhitzen. Die Speisestärke mit etwas Wasser anrühren. Hinzufügen und den Saft nochmals kurz aufkochen lassen.
5 Die Grütze in 4 kalt ausgespülte Schälchen füllen und kühl stellen. Nach Belieben mit Vanillesauce oder Schlagrahm servieren.

Rote Grütze

Zutaten für 4 Portionen
500 g Himbeeren · 250 g Johannisbeeren
3/4 l Johannisbeersaft · 75 g Zucker
1 Päckchen Vanillezucker · 60 g Speisestärke

**Preis:
ca. 5,76 DM**

1 Die Beeren verlesen, überbrausen und abtropfen lassen. Johannisbeeren mit einer Gabel von den Rispen streifen.
2 Den Johannisbeersaft mit dem Zucker und dem Vanillezucker aufkochen lassen. Die Beeren hinzu-

fügen und 2 bis 3 Minuten miterhitzen.
3 Die Speisestärke mit etwas Wasser anrühren. Hinzufügen und den Saft nochmals kurz aufkochen lassen.
4 In eine kalt ausgespülte Form füllen, kalt stellen.

An heißen Sommertagen ist gut gekühlte Grütze eine erfrischende Mahlzeit für zwischendurch.

INFO Traditionell wird zu Roter Grütze flüssige Sahne oder gut gekühlte Milch serviert.

Heidelbeerquark

Zutaten für 4 Portionen
1/2 Glas Heidelbeeren · 500 g Sahnequark
Saft von 1 Zitrone · 75 g Zucker · 1 Päckchen
Vanillezucker · Löffelbiskuits · fein gehackte Haselnüsse

**Preis:
ca. 3,56 DM**

Quarkspeisen sind leicht und belasten daher den Körper nicht. Gleichzeitig enthalten sie wertvolle Vitamine und Mineralstoffe.

1 Die Heidelbeeren gut abtropfen lassen.

2 Den Quark mit dem Zitronensaft, dem Zucker und dem Vanillezucker cremig rühren.

3 Abwechselnd Heidelbeeren und Quark in eine Schale füllen. Dabei auf den Beeren immer zuerst eine Lage Löffelbiskuits verteilen, dann den Quark darauf geben. Zuletzt den Quark mit gehackten Haselnüssen bestreuen und kalt stellen.

TIPP Anstelle von Heidelbeeren aus dem Glas können Sie auch frische Heidelbeeren oder beliebiges anderes Beerenobst zum Einschichten nehmen.

Kirschquark

Zutaten für 4 Portionen
1 Glas Kirschen, z. B. Schattenmorellen · 500 g Magerquark
100 g H-Sahne · 80 g Zucker · gemahlener Zimt
1/2 Tafel Schokolade

**Preis:
ca. 3,79 DM**

1 Die Kirschen gut abtropfen lassen.

2 Den Magerquark mit der Sahne und dem Zucker cremig rühren. Mit etwas Zimt abschmecken. Dann die Kirschen unterrühren.

3 Den Quark kalt stellen. Vor dem Servieren grob geraspelte Schokolade darüber streuen.

Traubenquark

Zutaten für 4 Portionen
500 g Weintrauben · 2 Eier · 500 g Magerquark
100 g H-Sahne · 80 g Zucker · fein gehackte Haselnüsse

Preis:
ca. 3,06 DM

1 Die Weintrauben waschen und halbieren.
2 Die Eier trennen. Den Quark mit der Sahne, den Eigelben und dem Zucker cremig rühren. Das Ei- weiß steif schlagen und locker unterheben.
3 Die Trauben untermischen, den Quark mit gehackten Nüssen bestreuen. Kalt stellen.

TIPP Für diese Quarkspeise verwenden Sie am besten kernlose, dünnschalige Weintrauben. Sie sind süßer als die dickschaligeren Sorten, und Ihre Kinder müssen zudem nicht dauernd »Kernchen spucken«.

Quarkspeisen bieten sich auch als Mitnehmmahlzeit für die Schulpause an. Dafür am besten in eine gut schließende Tupperwaredose füllen.

Müsliquark

Zutaten für 4 Portionen
500 g Sahnequark · Saft von 1 Zitrone
75 g Zucker · 100 g Früchtemüsli ohne Zucker · 4 Kiwis

Preis:
ca. 3,61 DM

1 Den Quark mit dem Zitronensaft und dem Zucker cremig rühren. Dann das Früchtemüsli untermischen.
2 Die Kiwis schälen, der Länge nach vierteln und in Scheibchen schneiden. Unter den Müsliquark rühren. Sofort servieren.

TIPP Zusätzlich fein gehackte Mandeln oder Haselnüsse darüber streuen. Anstelle der Kiwis können Sie auch andere Früchte unter den Müsliquark rühren.

Zwischenmahlzeiten und Drinks

Wenn Kinder in der Wohnung spielen oder im Freien toben, bekommen sie natürlich zwischendurch Appetit. Süßigkeiten sind bei Kindern zwar äußerst beliebt, jedoch ernährungsphysiologisch nicht zu empfehlen. Besser ist es, Kindern ein belegtes Brot zuzubereiten und ihnen dazu ein Stück Obst zu geben. Anstelle von Limonade und Colagetränken bieten sich als gesunde Durstlöscher frisch gepresste Fruchtsäfte oder Gemüsesäfte, im Sommer Eistee und im Winter heißer Früchtetee oder eine Tasse Kakao an. Auch Milchmixgetränke sind gesund und gleichzeitig sättigend.

Für den kleinen Hunger

Wenn Sie auf Fertigprodukte zurückgreifen möchten, sollten Sie Quarkdesserts, Joghurt mit Früchten, Schokoladen- und Vanillepudding im Becher, Müsliriegel und Butterkekse bevorzugen. Nehmen Sie möglichst Produkte ohne Zucker oder mit einem geringen Zuckeranteil. Denn Zucker ist nicht nur verantwortlich für Karies, sondern häufig auch die Ursache von Übergewicht. Minisalamis werden von Kindern ebenfalls gerne gegessen. Da sie relativ fettreich sind, sollte man sie nur ab und zu als Snack anbieten. Eine Alternative sind Würstchen aus Geflügelfleisch wie z. B. Puten-Wiener-Würstchen, oder ein Stück Rindersalami. Auch Nüsse mit Sultaninen vermischt (Studentenfutter) eignen sich gut für zwischendurch.

Zwischenmahlzeiten sind für Kinder wichtig. Bei ihrer Zusammenstellung sollten Sie darauf achten, dass die Mahlzeiten nicht zu viel Zucker und Fett enthalten. Denn beide können zu Übergewicht führen.

Wurstbrot mit Gurke

Zutaten für 1 Kind

Preis:
ca. 0,88 DM

1 Stück Salatgurke • 1 Scheibe Bauernlaib • Butter
1 Messerspitze scharfer Senf • 3 Scheiben Wurstaufschnitt

Achten Sie darauf, dass Ihr Kind auch zwischendurch genügend trinkt: am besten Früchtetees, Säfte oder Buttermilch.

1 Die Salatgurke sorgfältig waschen und mitsamt der Schale in dünne Scheiben schneiden.

2 Die Brotscheibe zuerst mit Butter, dann mit Senf bestreichen. Die Gurkenscheiben darauf verteilen. Mit der Wurst belegen.

TIPP Pikanter schmeckt das Wurstbrot, wenn Sie anstelle von frischer Salatgurke eingelegte Essiggurken oder Tomatenpaprika nehmen.

Schinken-Käse-Brot mit Tomate

Zutaten für 1 Kind

Preis:
ca. 0,88 DM

1 Scheibe Bauernlaib • Butter • je 1 Scheibe Hinterschinken, gekocht, und Käseaufschnitt • 1 Tomate • Salz, Pfeffer

1 Die Brotscheibe mit Butter bestreichen. Zuerst mit 1 Schinken-, dann mit 1 Käsescheibe belegen.

2 Die Tomate waschen, achteln und mit Salz und Pfeffer leicht würzen. Zum Schinken-Käse-Brot servieren.

TIPP Den gekochten Hinterschinken können Sie nach Geschmack auch durch 1 Scheibe Schwarzwälder-Schinken-Aufschnitt oder 1 Scheibe gekochte Putenbrust ersetzen. Die Brotscheiben am besten halbieren, damit sie sich leichter essen lassen.

Nougat-Bananen-Brot

Zutaten für 1 Kind
1 kleine Banane • 1 Scheibe kerniges Vollkornbrot
25 g Nuss-Nougat-Creme

Preis:
ca. 0,49 DM

1 Die Banane schälen und schräg in Scheiben schneiden. Nach Belieben mit ein paar Tropfen Zitronensaft beträufeln.

2 Die Brotscheibe mit der Nuss-Nougat-Creme bestreichen und die Bananenscheiben darauf verteilen.

TIPP Wenn erhältlich, können Sie statt Nuss-Nougat-Creme auch Erdnussbutter mit Stückchen auf die Brotscheibe streichen und mit Bananenscheiben belegen.

Frischkäse-Erdbeer-Brot

Zutaten für 1 Kind
einige Erdbeeren • 1 Scheibe Bauernbrot
50 g körniger Frischkäse

Preis:
ca. 0,87 DM

1 Erdbeeren waschen, putzen, den Stielansatz entfernen. Fruchtfleisch in Scheiben schneiden.

2 Die Brotscheibe mit dem Frischkäse bestreichen. Die Erdbeerscheiben darauf verteilen.

TIPP Im Winter können Sie anstelle von frischen Erdbeeren auch Früchte aus dem Glas oder Erdbeerkonfitüre auf dem Frischkäse verteilen. Grundsätzlich lässt sich das Obst je nach Jahreszeit und Angebot beliebig variieren. Bestreuen Sie die Brotscheiben zur Abwechslung ruhig auch mal mit gehackten Nüssen.

Geben Sie Ihrem Kind zum Spielen ein Stück Obst mit. Am besten einen Apfel, eine Birne oder eine nicht zu reife Banane.

Salamibrötchen

Preis:
ca. 0,71 DM

Zutaten für 1 Kind
30 g Edelsalami • 1 Brötchen • Butter
2 Emmentalerscheibletten • 1 Apfel

Zum Mitnehmen die Brötchenhälften aufeinander setzen und fest in Klarsichtfolie einwickeln.

1 Die Salami in dünne Scheiben schneiden. **2** Das Brötchen halbieren. Die Hälften mit Butter bestreichen. Dann mit ein paar Salamischeiben und je 1 Emmentalerscheiblette belegen. Dazu einen in Spalten geschnittenen Apfel servieren.

TIPP Anstelle von Emmentalerscheibletten können Sie auch 2 Scheiben Käseaufschnitt nehmen.

Putenbrustbrötchen

Preis:
ca. 1,11 DM

Zutaten für 1 Kind
einige Mandarinenspalten aus der Dose • 30 g Salatcreme
1 Messerspitze Curry • 1 Brötchen • 2 Scheiben gekochte
Putenbrust

1 Die Mandarinenspalten abtropfen lassen. Die Salatcreme mit dem Curry verrühren. **2** Das Brötchen halbieren. Die Hälften mit der Currycreme bestreichen. Die Mandarinenspalten darauf verteilen. Zum Schluss mit je 1 Scheibe gekochter Putenbrust belegen.

TIPP Die Mandarinenspalten durch Orangenfilets oder Bananenscheiben ersetzen. Anstelle von Salatcreme können Sie auch Frischkäse mit etwas Milch und Curry verrühren und die Brötchenhälften damit bestreichen.

Radieschen-Frischkäse-Brötchen

Zutaten für 1 Kind
einige Radieschen • 1 Brötchen • 50 g dänischer Frischkäse
mit Schnittlauch • Salz, Pfeffer

Preis:
ca. 0,68 DM

1 Die Radieschen waschen, putzen und in Scheiben schneiden.
2 Das Brötchen halbieren. Die Hälften mit dem Frischkäse bestreichen. Dann die Radieschenscheiben darauf verteilen. Mit etwas Salz und Pfeffer würzen.

TIPP Statt Radieschen können Sie auch 1 Stück Salatgurke, 1 feste, aromatische Tomate oder 1 Stück rote Paprikaschote entsprechend zerkleinern und auf dem Frischkäse verteilen.

Schmelzkäse-Paprika-Brötchen

Zutaten für 1 Kind
je 1 Stück rote und grüne Paprikaschote • 25 g Edelsalami
1 Brötchen • 50 g Schmelzkäsezubereitung

Preis:
ca. 0,79 DM

1 Die Paprika waschen, entkernen und in kleine Würfel schneiden, die Salami zuerst in dünne Scheiben, dann in feine Streifen schneiden.
2 Das Brötchen halbieren. Die Hälften mit der Schmelzkäsezubereitung bestreichen. Die Paprikawürfel und Salamistreifen darüber streuen.

Verwenden Sie anstelle von normalen Brötchen zur Abwechslung Mehrkorn-, Kürbiskern- oder Sonnenblumenkernbrötchen.

TIPP Anstelle von Salami können Sie auch 1 Scheibe Hinterschinken in feine Streifen schneiden und mit den Paprikawürfeln über den Schmelzkäse streuen.

Frischkäsecracker

Preis:
ca. 1,11 DM

Zutaten für 1 Kind

50 g Doppelrahm-Frischkäse • 1 EL H-Milch • frischer oder getrockneter Schnittlauch • Salz, Pfeffer • 10 Cracker

Frischkäse ist bei Kindern beliebt, weil er mild schmeckt und mit süßen oder herzhaften Zutaten kombiniert werden kann.

1 Den Frischkäse mit der Milch cremig rühren. Die Schnittlauchröllchen untermischen. Zuletzt mit wenig Salz und Pfeffer würzen.

2 Jeweils 1 großen Klecks Frischkäsecreme auf die Hälfte der Cracker geben. Die restlichen Cracker darauf setzen und leicht zusammendrücken.

Tipp Frischkäse gehört in den Kühlschrank. Den Inhalt einmal geöffneter Schalen sollte man rasch verbrauchen, das es sonst zu Geschmackseinbußen kommt.

Frischkäsebutterkekse

Preis:
ca. 1,02 DM

Zutaten für 1 Kind

1 Kiwi • 50 g Doppelrahm-Frischkäse • 1 EL H-Milch 1/2 Päckchen Vanillezucker • 10 Butterkekse

1 Die Kiwi schälen und in dünne Scheiben schneiden. Den Frischkäse mit der Milch cremig rühren. Mit dem Vanillezucker süßen.

2 Die Kekse mit der Frischkäsecreme bestreichen. Je 2 Kekse mit 1 Kiwischeibe aufeinandersetzen. Mit den restlichen Kiwischeiben servieren.

Tipp Je nach Jahreszeit statt Kiwischeiben halbierte Erdbeeren, Orangenfilets oder Bananenscheiben zum Zusammensetzen der Kekse nehmen.

Käsespießchen

Zutaten für 1 Kind
75 g Gouda am Stück • einige blaue Weintrauben

Preis:
ca. 0,79 DM

1 Den Gouda in Würfel schneiden. Die Weintrauben überbrausen und von der Rebe zupfen.

2 Abwechselnd Käsewürfel und ganze Weintrauben auf Holzspießchen ziehen.

Käse-Frucht-Salat

Zutaten für 2 Kinder
250 g gemischtes Beerenobst • etwas Zucker
2–3 Scheiben Käseaufschnitt

Preis:
ca. 1,48 DM

1 Das Beerenobst überbrausen und gut abtropfen lassen. Erdbeeren je nach Größe halbieren oder vierteln. Die Früchte mit Zucker bestreuen.

2 Aus den Käsescheiben mit Plätzchenausstechern verschiedene Motive ausstechen. Dekorativ auf dem Fruchtsalat verteilen und servieren.

Käsesnacks bieten sich auch für einen Kindergeburtstag als »Fingerfood« an.

Käsehappen

Zutaten für 1 Kind
2 Scheiben Vollkornbrot • Butter • 2 Scheiben Gouda

Preis:
ca. 0,96 DM

1 Die Brotscheiben mit Butter bestreichen. Eine Scheibe mit dem Käse belegen.

2 Mit der zweiten Brotscheibe zudecken. Dann in Würfel schneiden und servieren.

Heidelbeermilch

Zutaten für 4 Gläser

Preis:
ca. 2,08 DM

1 Banane · 1/2 l H-Milch · 200 g Heidelbeeren aus dem Glas · 1 EL Honig · 4 EL H-Sauerrahm

Mixgetränke mit Milch sind relativ nahrhaft. Speziell in Verbindung mit einer Kugel Eis bilden sie eine komplette Zwischenmahlzeit.

1 Banane schälen und in Scheiben schneiden.
2 Mit der Milch, den Heidelbeeren und dem Honig im Mixer pürieren.

3 Die Heidelbeermilch in vorgekühlte Gläser füllen, je 1 Klecks Sauerrahm darüber geben und sofort servieren.

TIPP Je 1 Kugel Bananen- oder Vanilleeis in die Gläser geben. Den Sauerrahm durch Schlagsahne ersetzen.

Erdbeer-Vanille-Milch

Zutaten für 4 Gläser

Preis:
ca. 3,76 DM

500 g Erdbeeren · 1/2 l H-Milch · 250 g fettarmer Joghurt
2 EL Puderzucker · 2 Päckchen Vanillezucker
Saft von 1 Zitrone · 4 große, schöne Erdbeeren

1 Die Erdbeeren überbrausen, putzen und halbieren. Dann im Mixer pürieren.
2 Die Milch, den Joghurt, den Puder- und den Vanillezucker hinzufügen und alles gut durchmixen. Zuletzt mit Zitronensaft abschmecken.
3 Die Erdbeer-Vanille-Milch in vorgekühlte Gläser füllen und mit je 1 Erdbeere garnieren.

TIPP Je 1 Kugel Erdbeer- oder Vanilleeis vor dem Einfüllen in die Gläser geben. Dann mit je 1 Klecks geschlagener Sahne servieren.

Kalorienärmer geht es fast nicht – die wasserreiche Gurke ist nicht nur eine ideale Salatgrundlage, sondern auch ein exzellenter Durstlöscher.

Gurkenmilch

Zutaten für 4 Gläser

1 mittelgroße Salatgurke • 1/2 l H-Milch
250 g H-Sauerrahm • getrocknete Salatkräuter
Salz, Pfeffer • Zucker • 4 Scheiben Salatgurke

Preis:
ca. 1,67 DM

1 Die Gurke waschen, schälen und der Länge nach halbieren. Die Kerne mit einem Löffel herausschaben. Dann die Gurke in grobe Stücke schneiden.
2 Die Milch mit dem Sauerrahm und der Salat- gurke im Mixer pürieren. Die Gurkenmilch mit Salatkräutern, Salz, Pfeffer und 1 Prise Zucker würzen und abschmecken.
3 In vorgekühlte Gläser füllen und mit je 1 Gur- kenscheibe garnieren.

Für Milchmix- getränke immer eisge- kühlte Milch verwenden und die Gläser im Kühlschrank kurz vorkühlen.

TIPP Statt der Salatkräuter fein gewiegten Dill nehmen.

Bananenmix

Zutaten für 4 Gläser

Preis:
ca. 2,57 DM

2 Bananen • 250 g fettarmer Joghurt • 0,2 l Orangensaft
Saft von 1 Zitrone • 1 EL Honig • 100 g H-Sahne

Wer eine elektrische Saftzentrifuge hat, sollte Frucht- und Gemüsesäfte frisch zubereiten.

1 Die Bananen schälen und in Scheiben schneiden. Sofort mit ein paar Tropfen Zitronensaft beträufeln.
2 Den Joghurt mit den Bananen, dem Orangen- und dem Zitronensaft im Mixer pürieren.

3 Den Honig hinzufügen und alles noch mal gut durchmixen. Die Sahne leicht steif schlagen.
4 Den Fruchtmix in vorgekühlte Gläser füllen und mit je 1 Klecks geschlagener Sahne krönen. Sofort servieren.

Apfel-Möhren-Mix

Zutaten für 4 Gläser

Preis:
ca. 3,02 DM

1 Apfel • Saft von 1/2 Zitrone • 1/4 l Möhrensaft
je 250 g fettarmer Joghurt und H-Sauerrahm
Salz, Pfeffer • Zucker • 4 Apfelspalten

1 Den Apfel waschen, schälen, halbieren, entkernen und fein raspeln. Mit dem Zitronensaft vermischen.
2 Den Möhrensaft mit dem Joghurt und dem Sauerrahm glatt rühren. Den geraspelten Apfel hinzufügen.

3 Den Apfel-Möhren-Mix mit Salz, Pfeffer und 1 Prise Zucker würzen. Falls der Drink zu dickflüssig ist, noch etwas Möhrensaft hinzufügen.
4 Den Apfel-Möhren-Mix in vorgekühlte Gläser füllen und mit je 1 Apfelspalte garnieren.

Tomatenmix

Zutaten für 4 Gläser
250 g passierte Tomaten • 250 g fettarmer Joghurt
Saft von 1/2 Zitrone • Salz, Pfeffer • 4 Kirschtomaten

Preis:
ca. 1,38 DM

1 Die Tomaten mit dem Joghurt verrühren. Mit Zitronensaft, Salz und Pfeffer würzen und abschmecken. Falls der Drink zu dickflüssig ist, noch etwas Mineralwasser hinzufügen.

2 Den Tomatenmix in vorgekühlte Gläser füllen und mit je 1 Kirschtomate garnieren.

TIPP Als Garnierung zusätzlich je 1 Stängel Staudensellerie mit ins Glas geben. Für eine süße Variante die passierten Tomaten durch pürierte Erdbeeren ersetzen und den Mix mit Vanillezucker oder Honig süßen.

Johannisbeermix

Zutaten für 4 Gläser
1/4 l schwarzer Johannisbeersaft • 1/2 l Buttermilch • Zucker
Zitronensaft • 4 Rispen Schwarze Johannisbeeen

Preis:
ca. 1,13 DM

1 Den Johannisbeersaft mit der Buttermilch verrühren. Mit etwas Zucker und Zitronensaft abschmecken.

2 Den Johannisbeermix in vorgekühlte Gläser füllen und vor dem Servieren mit je 1 Johannisbeerrispe garnieren.

Buttermilch ist kalorienarm und somit ein gesunder Durstlöscher an heißen Sommertagen.

TIPP Anstelle von Johannisbeersaft können Sie auch jeden beliebigen anderen Fruchtsaft verwenden, beispielsweise Kirsch- oder Orangensaft.

Abendessen

Das Abendessen sollte die ganze Familie gemeinsam einnehmen. Dadurch haben auch Väter die Möglichkeit, etwas vom Alltag ihrer Kinder zu erfahren. Wenn mittags bereits warm gegessen wurde, genügen belegte Brote, ein Wurst- oder Käsesalat oder ein kleiner warmer Snack. Damit der Körper nicht zu sehr belastet wird, sollten Sie das Abendessen nicht allzu spät servieren. Außerdem sollten Sie auf keinen Fall koffeinhaltige Getränke anbieten. Besser sind Früchtetees oder Buttermilch. Zu belegten Broten gehören entweder frisches Gemüse oder frisches Obst. Orientieren Sie sich bei der Auswahl am saisonalen Angebot. Dadurch sparen Sie Geld, und Ihre Familie erhält gleichzeitig die Vitamine und Mineralstoffe, die sie jetzt braucht.

Betthupferl

Wenn Sie Ihrem Kind vor dem Schlafengehen noch ein Betthupferl versprochen haben, sollte dies auf keinen Fall etwas Süßes sein. Schokolade & Co. verursachen Karies und können zu Übergewicht führen. Eine Hand voll frische Erdbeeren, ein rotbackiger Apfel oder ein paar reife Aprikosen sind eine gesunde Alternative und schmecken genauso süß. Kindern, die nachts Durst haben, sollte man Früchtetee oder mit Mineralwasser verdünnten Apfelsaft auf den Nachttisch stellen. Ein Glas heiße Milch mit Honig vor dem Schlafengehen wirkt beruhigend. Wenn Ihr Kind trotzdem nicht schlafen kann, bestehen Sie nicht auf »Licht aus«. Lassen Sie Ihr Kind lieber noch lesen, bis es darüber einschläft.

Verzichten Sie beim Abendessen auf eine störende Geräuschkulisse wie beispielsweise einen laufenden Fernseher. Nur dann kommt es zu Gesprächen, die wichtig sind, um die Welt Ihrer Kinder zu verstehen.

Schinkenplatte

Zutaten für 2 Kinder und 2 Erwachsene
200 g Schwarzwälder-Schinken-Aufschnitt
200 g Hinterschinken, gekocht · 125 g Schinkenwürstchen
1/2 Salatgurke · 1 Bund Radieschen · Salz, Pfeffer
75 g Butter · 500 g Bauernbrot

Preis:
ca. 9,51 DM

Sorgen Sie auch abends für Abwechslung auf dem Tisch. Bieten Sie mehrere Brotsorten an, und variieren Sie Wurst und Käse.

1 Den Schinken mit den Schinkenwürstchen auf einer Platte anrichten. Die Salatgurke und die Radieschen waschen. Die Gurke mit der Schale in Scheiben schneiden.

Beides in Schälchen anrichten. Mit Salz und Pfeffer würzen.
2 Dazu die Butter und das in Scheiben geschnittene Bauernbrot servieren.

Käse-Wurst-Platte

Zutaten für 2 Kinder und 2 Erwachsene
250 g Käseaufschnitt · 200 g Wurstaufschnitt · 4 Tomaten
Olivenöl · Salz, Pfeffer · frischer oder getrockneter
Schnittlauch · 75 g Butter · 400 g Vollkornbrot

Preis:
ca. 6,46 DM

1 Den Käse und die Wurst auf Platten anrichten.
2 Die Tomaten waschen, trockentupfen und in Scheiben schneiden. Auf einem Teller verteilen. Mit etwas Öl beträufeln.

Dann mit Salz und Pfeffer würzen. Zuletzt Schnittlauchröllchen darüber streuen.
3 Dazu die Butter und das Vollkornbrot servieren.

TIPP Lassen Sie auch kleinere Kinder ihre Brote ruhig selbst mit Butter bestreichen und nach Wunsch belegen.

Salamiplatte

Zutaten für 2 Kinder und 2 Erwachsene
150 g Edelsalami • 150 g luftgetrocknete Salami
150 g Cabanossi • 1/2 Glas Tomatenpaprika
75 g Butter • 400 g Bauernschnitten

Preis:
ca. 6,78 DM

1 Die Salami und die Cabanossi in dünne Scheiben schneiden und auf einer Platte anrichten. Die Tomatenpaprika abtropfen und separat in einem Schälchen anrichten. **2** Dazu die Butter und das Brot servieren.

Tipp Die Tomatenpaprika durch Gewürzgurken ersetzen.

Käseplatte

Zutaten für 2 Kinder und 2 Erwachsene
250 g Weintrauben • einige Radieschen • 100 g dänischer
Frischkäse mit Schnittlauch • 4 Emmentalerscheibletten
100 g Gouda • 100 g Brie • 1 Camembert (125 g)
75 g Butter • 400 g kerniges Vollkornbrot

Preis:
ca. 7,09 DM

1 Die Weintrauben überbrausen und gut abtropfen lassen. Die Radieschen waschen, putzen und in feine Streifen schneiden. **2** Den Frischkäse in ein Schälchen füllen. Die Radieschenstreifen darüber streuen. Den restlichen Käse mit den Trauben auf einer Platte anrichten. **3** Dazu die Butter und das kernige Vollkornbrot servieren.

Als Getränke zum Abendessen bieten sich im Sommer Mineralwasser und Buttermilch, im Winter heiße Früchtetees an.

Tipp Wenn Kinder mitessen, sollten Sie nach Möglichkeit nur milde Käsesorten wählen.

Leberkäse mit Spiegelei

Zutaten für 2 Kinder und 2 Erwachsene

Preis:
ca. 4,28 DM

Butter • 3 Scheiben Leberkäse • 4 Eier • Salz, Pfeffer
4 Bauernschnitten • einige Gewürzgurken • scharfer Senf

Diese Gerichte können Sie auch als kleine Mittagsmahlzeit auf den Tisch bringen.

1 Etwas Butter erhitzen und den Leberkäse darin bräunen. In einer zweiten Pfanne aus den Eiern Spiegeleier zubereiten. Mit etwas Salz und Pfeffer würzen.

2 Je 1 bzw. 1/2 Scheibe Leberkäse auf den Brotscheiben verteilen. Dann je 1 Spiegelei darauf setzen.

3 Mit Gewürzgurken und Senf servieren.

TIPP Anstelle von Leberkäse können Sie zur Abwechslung auch 250 Gramm Schinkenwürfel in erhitzter Butter rösten. Auf den Brotscheiben verteilen und je 1 Spiegelei darauf setzen. Dazu 4 gegrillte Tomaten servieren.

Backcamembert mit Preiselbeersahne

Zutaten für 2 Kinder und 2 Erwachsene

Preis:
ca. 5,59 DM

1 Packung Backcamembert • 200 g H-Sahne • 120 g Preiselbeeren aus dem Glas • 8 Scheiben Toastbrot

1 Backcamembert nach Vorschrift zubereiten. Auf Küchenkrepp abtropfen lassen. Die Sahne steif schlagen und mit den Preiselbeeren vermischen.

2 Dazu das geröstete Toastbrot servieren.

TIPP Sie können den Backcamembert zur Abwechslung auch einmal mit Heidelbeersahne servieren.

Lachsplatte mit Ei

Zutaten für 2 Kinder und 2 Erwachsene
4 Eier • Salz, Pfeffer • 200 g Lachs • 100 g H-Sahne
geriebener Meerrettich aus dem Glas • 50 g Butter
8 Scheiben Toastbrot

Preis:
ca. 5,93 DM

1 Die Eier wachsweich kochen, kalt abschrecken, pellen und halbieren. Mit wenig Salz und Pfeffer würzen. Die Eier mit dem Lachs auf einer Platte anrichten. Die Sahne steif schlagen und mit geriebenem Meerrettich abschmecken. In ein Schälchen füllen.
2 Dazu die Butter und das geröstete Toastbrot servieren.

Wenn Sie Gäste mit der Lachsplatte bewirten, sollten Sie dazu als Getränk Sekt anbieten.

Heringsfilets mit Sauerrahm

Zutaten für 2 Kinder und 2 Erwachsene
2 Portionen Heringsfilets • 1 Zwiebel • 200 g H-Sauerrahm
75 g Butter • 400 g Vollkornbrot

Preis:
ca. 5,46 DM

1 Die Heringsfilets über Nacht wässern, mit Küchenpapier trockentupfen und auf einer Platte anrichten. Die Zwiebel abziehen und in feine Ringe hobeln. Gleichmäßig auf den Heringsfilets verteilen.
2 Den Sauerrahm separat in einem Schälchen anrichten, mit Butter und Vollkornbrot zu den Heringsfilets servieren.

TIPP Wenn es schnell gehen soll, können Sie auch 2 Portionen Heringsfilets in Joghurt kaufen. Dann den Sauerrahm weglassen. Als Beilage zu den Heringsfilets passen anstelle von Brot auch Pellkartoffeln.

Tomaten-Mozzarella-Toast

Preis:
ca. 2,49 DM

Zutaten für 2 Kinder und 2 Erwachsene
4 Scheiben Toastbrot • Olivenöl • 4 Tomaten
1 Päckchen Mozzarella (125 g) • Salz, Pfeffer
frische oder getrocknete Gartenkräuter

Toasts sind preiswert und schnell zubereitet, wenn Sie überraschend Gäste bekommen.

1 Die Toastbrotscheiben kurz rösten und mit etwas Olivenöl beträufeln. Die gewaschenen Tomaten und den Mozzarella in Scheiben schneiden.
2 Die Tomatenscheiben auf dem Toast verteilen.

Mit Salz, Pfeffer und fein gehackten Kräutern würzen. Den Mozzarella darauf verteilen.
3 Im vorgeheizten Grill überbacken, bis der Mozzarella schmilzt. Heiß servieren.

Schinken-Ananas-Toast

Preis:
ca. 2,25 DM

Zutaten für 2 Kinder und 2 Erwachsene
4 Scheiben Toastbrot • 4 Scheiben Hinterschinken, gekocht
4 Scheiben Ananas aus der Dose • 4 Emmentaler-
scheibletten • Pfeffer

1 Die Toastbrotscheiben kurz rösten. Zuerst mit je 1 Scheibe Schinken, dann mit je 1 Scheibe Ananas und zuletzt mit je 1 Scheiblette belegen.

2 Im Backofen bei starker Oberhitze überbacken, bis der Käse leicht schmilzt. Mit Pfeffer übermahlen und heiß servieren.

TIPP Statt der Ananas können Sie auch Pfirsiche aus der Dose verwenden. Die Emmentalerscheibletten können Sie durch Gouda oder beliebigen anderen Käse ersetzen.

Pilztoast

Zutaten für 2 Kinder und 2 Erwachsene
200 g Champignons · 50 g Schinkenwürfel · Butter
Salz, Pfeffer · 4 Scheiben Toastbrot · 4 Scheiben Gouda

Preis:
ca. 2,92 DM

1 Die Champignons mit Küchenkrepp säubern und frisch anschneiden. Dann die Pilze in Scheiben schneiden.
2 Die Schinkenwürfel in erhitzter Butter kurz rösten. Die Pilze hinzufügen und ca. 10 Minuten darin dünsten. Die Flüssigkeit sollte möglichst verdampft sein. Mit Salz und Pfeffer würzen.
3 Die Pilze auf den Toastbrotscheiben verteilen. Mit je 1 Scheibe Gouda belegen. Im vorgeheizten Grill überbacken, bis der Käse schmilzt. Heiß servieren.

Birnentoast

Zutaten für 2 Kinder und 2 Erwachsene
4 Birnenhälften aus der Dose · 100 g Schwarzwälder-Schinken-Aufschnitt · 100 g Blauschimmelkäse
4 Scheiben Toastbrot

Preis:
ca. 2,69 DM

1 Die Birnenhälften fächerförmig einschneiden. Den Schinken in Streifen und den Blauschimmelkäse in Scheiben schneiden.
2 Die Toasts zuerst mit Schinken, dann mit Birne und zuletzt mit Käse belegen. Im vorgeheizten Grill überbacken, bis der Käse schmilzt. Heiß servieren.

Anstelle von Toastbrot können Sie zur Abwechslung auch einmal geröstetes Bauernbrot überbacken.

TIPP Anstelle von Birnen aus der Dose können Sie auch 2 ganz reife, frische Birnen verwenden.

Nudelsalat mit Schinken und Erbsen

Zutaten für 2 Kinder und 2 Erwachsene
250 g Spiralnudeln · 1 Dose Erbsen · 200 g Hinterschinken, gekocht · 200 g H-Sahne · Salz, Pfeffer · frische oder getrocknete Petersilie

Preis:
ca. 3,96 DM

Nudelsalate mögen Kinder besonders gerne. Nur »flüssig« genug müssen die Salate sein.

1 Die Nudeln nach Vorschrift in reichlich Salzwasser bissfest garen. Kalt abschrecken, gut abtropfen und abkühlen lassen.
2 Die Erbsen abtropfen lassen. Den Schinken in feine Streifen schneiden oder würfeln. Zusammen mit der Sahne unter die Nudeln mischen.
3 Den Nudelsalat mit Salz, Pfeffer und fein gehackter Petersilie würzen. 2 Stunden ziehen lassen, eventuell nachwürzen.

Nudelsalat mit Salami und Paprika

Zutaten für 2 Kinder und 2 Erwachsene
250 g Hörnchennudeln · je 1 rote und grüne Paprikaschote 3 Tomaten · 200 g Edelsalami · 125 g Salatcreme 125 g fettarmer Joghurt · edelsüßer Paprika · Salz, Pfeffer

Preis:
ca. 4,69 DM

1 Die Nudeln in reichlich Salzwasser bissfest garen. Kalt abschrecken, abtropfen und abkühlen lassen.
2 Die Paprikaschoten in Würfel, die Tomaten in Achtel schneiden.
3 Die Salami in feine Streifen schneiden. Die Salatcreme und den Joghurt mit den übrigen Zutaten verrühren und abschmecken.
4 Das Gemüse und die Salami zusammen mit dem Dressing unter die Nudeln mischen. 2 Stunden ziehen lassen.

Gerade bei der Kinderküche ist es wichtig, gesunde, vollwertige Lebensmittel zu verarbeiten. Verwenden Sie so wenig wie möglich bearbeitete Lebensmittel, und versuchen Sie, auf Fertigprodukte zu verzichten.

Nudelsalat mit Zucchini und Schafskäse

Zutaten für 2 Kinder und 2 Erwachsene
250 g Bandnudeln · 2 Zucchini · 4 Tomaten · 1 Knoblauch-zehe · 150 g Feta · Olivenöl · Salz, Pfeffer · 3 EL Weinessig

**Preis:
ca. 3,82 DM**

1 Die Nudeln in reichlich Salzwasser bissfest garen.
2 Die Zucchini in feine Streifen schneiden. Die Tomaten achteln. Die Knoblauchzehe abziehen und fein hacken.
3 Den Feta in kleine Würfel schneiden. Den Knoblauch in Öl an-dünsten. Die Zucchini-streifen hinzufügen und ca. 3 Minuten dünsten. Mit Salz und Pfeffer würzen.
4 Aus 4 Esslöffeln Olivenöl, Essig, Salz und Pfeffer eine Vinaigrette rühren. Nudeln, Gemüse und Käse hinzufügen. Alles locker vermischen, abschmecken und lauwarm servieren.

Wenn Kindern der Schafskäse zu intensiv schmeckt, dann nehmen Sie stattdessen Gouda oder Butterkäse.

Käse-Wurst-Salat

Preis:
ca. 4,92 DM

Zutaten für 2 Kinder und 2 Erwachsene
200 g Wurstaufschnitt oder Schinkenwurst
250 g Käseaufschnitt • 2 Gewürzgurken • 1 kleine Zwiebel
2 EL Öl • 1 EL Weinessig • 1 Messerspitze scharfer Senf
Salz, Pfeffer • 50 g Butter • 4 Bauernschnitten

Salate, die ziehen müssen, sollten Sie vor dem Servieren nochmals abschmecken und gegebenenfalls nachwürzen.

1 Die Wurst, den Käse und die Gewürzgurken in feine Streifen schneiden. Die Zwiebel abziehen und fein würfeln.
2 Das Öl mit dem Essig, dem Senf, Salz und Pfeffer verrühren. Die Wurst-, Käse- und Gurkenstreifen vermischen und mit der Vinaigrette anmachen. 15 Minuten ziehen lassen.
3 Zwiebelwürfel untermischen und nach Belieben noch etwas Gurkenflüssigkeit hinzufügen.
4 Dazu die Butter und das Brot servieren.

Thunfisch-Paprika-Salat

Preis:
ca. 4,09 DM

Zutaten für 2 Kinder und 2 Erwachsene
2 Dosen Thunfisch in Öl • 2 rote Paprikaschoten
1 Dose Mais • 4 EL Öl • 1 EL Weinessig • Salz, Pfeffer
50 g Butter • 4 Bauernschnitten

1 Den Thunfisch mit einer Gabel zerpflücken. Die Paprikaschoten waschen, putzen, entkernen und in Würfel schneiden. Den Mais abtropfen lassen.
2 Das Öl mit den übrigen Zutaten verrühren. Alles vermischen und mit der Vinaigrette anmachen.
3 Dazu die Butter und das Bauernbrot servieren.

TIPP Die Salate können Sie schon nachmittags zubereiten.

Eiersalat

Zutaten für 2 Kinder und 2 Erwachsene
8 Eier · 100 g Salatcreme · 2 EL fettarmer Joghurt
2 Messerspitzen scharfer Senf · Salz, Pfeffer · frischer oder
getrockneter Schnittlauch · 4 Scheiben Vollkornbrot

Preis:
ca. 3,16 DM

1 Die Eier hart kochen, kalt abschrecken, pellen und fein hacken. Die Salatcreme mit den übrigen Zutaten verrühren und abschmecken.

2 Die Eier mit dem Dressing vermischen. 15 Minuten ziehen lassen. Eventuell nachwürzen.
3 Dazu das Vollkornbrot servieren.

Alle Salate bieten sich auch für ein Salatbuffet an. Wenn Sie viele Gäste erwarten, die Zutaten entsprechend erhöhen.

TIPP Zum Verfeinern können Sie zusätzlich 50 Gramm fein gehackten Lachs unter den Eiersalat mischen.

Spargelsalat mit Bauernschinken

Zutaten für 2 Kinder und 2 Erwachsene
2 Gläser Spargel · 3 EL Öl · 1 EL Weinessig · Salz, Pfeffer
Zucker · 1 hart gekochtes Ei · 200 g luftgetrockneter
Bauernschinken · 4 Scheiben Bauernbrot

Preis:
ca. 8,66 DM

1 Den Spargel abgießen, dabei die Flüssigkeit auffangen. Dann die Spargelstangen in mundgerechte Stücke schneiden.
2 Aus Öl, Essig, Salz, Pfeffer, 1 Prise Zucker und etwas Spargelflüssigkeit ein Dressing rühren.

Den Spargel damit übergießen, an einen kühlen Ort stellen und 3 Stunden ziehen lassen.
3 Das hart gekochte Ei pellen und fein hacken. Über den Spargel streuen. Dazu den Schinken und das Brot servieren.

Für den Kindergeburtstag

An ihrem Ehrentag möchten Kinder mit vielen Freunden feiern. Und dabei ist natürlich auch das Essen ganz wichtig. Ein besonderer Geburtstagskuchen gehört auf alle Fälle dazu. Entweder backen Sie den Lieblingskuchen Ihres Kindes, oder Sie überraschen die kleinen Gäste mit etwas Neuem wie beispielsweise einer Negerkusstorte. Obwohl Kinder in der Regel Süßes bevorzugen, sollten Sie auch ein paar herzhafte Snacks vorbereiten. Denn nach Kuchen, Mohrenköpfen, Pudding u. Ä. wächst der Appetit auf etwas Deftiges – je einfacher, desto besser. Ein Kartoffelsalat mit heißen Wiener Würstchen, ein Teller mit Käsewürfelchen und ein paar Salzbrezeln, Kartoffelchips mit selbst zubereiteten Dips oder ein paar Pizzaecken werden von allen Kindern gerne gegessen und sind im Nu zubereitet.

Preise zum Vernaschen

Wenn Kinder spielen, möchten sie mit anderen Kindern wetteifern und gewinnen, und wer gewinnt, erwartet natürlich auch einen Preis. Aus Kostengründen bietet sich eine Mischung aus nicht essbaren und essbaren Preisen an. Neben Buntstiften, Comicheften, Kinokarten u. Ä. sollten Sie auch Tütchen mit Gummibären, Lakritzkonfekt und Bonbons, Kinderschokolade, Müsliriegel, Eiskonfekt und was ein Kinderherz sonst noch an Süßem begehrt als Preise aussetzen. Denken Sie auch an ein paar Trostpreise.

Neben Weihnachten ist der eigene Geburtstag für Kinder der wichtigste Tag im Jahr. Feiern Sie ihn entsprechend.

Negerkusstorte

Zutaten für eine Springform von 26 cm Durchmesser
Teig: 3 Eier • 3 EL heißes Wasser • 150 g Zucker • 125 g Mehl
50 g Speisestärke • 1/2 Päckchen Backpulver
Belag: 500 g Magerquark • 1 Päckchen Vanillezucker
Saft von 1 Zitrone • 200 g H-Sahne • 8–12 Riesen- oder
Mininegerküsse

Preis:
ca. 4,84 DM

Bieten Sie Ihren kleinen Gästen nicht zu viel Süßes an. Denn im Eifer des Gefechts passiert es schnell, dass es Kindern übel wird – vor allem, wenn dazu noch zuckerreiche Getränke serviert werden.

1 Die Eier mit dem heißen Wasser schaumig schlagen. Den Zucker nach und nach einrieseln lassen.

2 Das Mehl mit der Speisestärke und dem Backpulver vermischen. Unter die Eier-Zucker-Masse rühren.

3 Den Biskuitteig in die Springform füllen. Im vorgeheizten Backofen bei 175 °C ca. 30 Minuten backen.

4 Den Biskuitboden aus der Form lösen, abkühlen lassen und einmal waage-recht durchschneiden. 1 Boden auf eine Tortenplatte legen und mit einem Tortenring umgeben. Den zweiten Boden anderweitig, z. B. für einen Obstkuchen, verwenden.

5 Den Quark mit dem Vanillezucker und dem Zitronensaft glatt rühren. Die Sahne steif schlagen und unterheben.

6 Den Biskuitboden mit der Quarkcreme bestreichen. Dann die Negerküsse darauf verteilen. Bis zum Servieren kalt stellen.

TIPP Anstelle von Negerküssen können Sie auch Schokolade verwenden. Einfach 2 Tafeln Schokolade mit einem Sparschäler in Späne hobeln und über die Quarkcreme streuen. Wenn Sie die Torte bereits am Vortag zubereiten, die Negerküsse erst kurz vor dem Servieren darauf verteilen, da der Waffelboden sonst durchweicht.

Möhrenkuchen

Zutaten für eine Springform von 26 cm Durchmesser
100 g Haselnusskerne · 200 g Möhren · 3 Eier · 1 EL Wasser
150 g Honig · 80 g Mehl · 40 g Speisestärke · 1 Päckchen
Backpulver · 100 g weiche Butter · Butter und Grieß
für die Form

Preis:
ca. 2,79 DM

1 Die Haselnusskerne mahlen. Die Möhren schälen und auf der Rohkostreibe fein raspeln.

2 Die Eier mit dem Wasser in einer Metallschüssel über dem heißen Wasserbad aufschlagen, bis die Masse dicklich wird. Dann vom Herd nehmen und kalt schlagen. Wenn sie nur noch eine Temperatur von ca. 40 °C hat, den Honig unterrühren.

3 Die gemahlenen Nüsse und die geraspelten Möhren unter die Eiermasse heben.

4 Das Mehl mit der Speisestärke und dem Backpulver vermischen. Unter die Masse heben. Zuletzt die Butter in Flöckchen darauf setzen und untermischen.

5 Den Teig in die ausgefettete und mit Grieß ausgestreute Form füllen. Die Oberfläche glatt streichen. Im auf 175 °C vorgeheizten Backofen ca. 35 Minuten backen.

6 Den Kuchen etwas abkühlen lassen, aus der Form lösen und auf einem Kuchengitter völlig erkalten lassen.

Diesen Kuchen können Sie problemlos tiefgefrieren. Einfach nach dem Abkühlen gut in Alufolie verpacken und ins Gefriergerät legen.

TIPP Machen Sie die Nadelprobe: Der Kuchen ist fertig, wenn Sie mit einer Stricknadel hineinstechen und kein Teig mehr daran haften bleibt. Nach dem Erkalten etwas Puderzucker mit Zitronensaft oder Möhrensaft verrühren und den Kuchen damit überziehen. Zum Schluss mit kleinen Möhren aus Marzipan garnieren.

Marmorkuchen mit Kirschen

Zutaten für eine große Gugelhupfform
1 Glas Schattenmorellen · Mehl zum Bestäuben der
Kirschen · 250 g Margarine · 350 g Zucker · 6 Eier
2 cl Rum · 400 g Mehl · 50 g Speisestärke
1 Päckchen Backpulver · 3 EL Kakaopulver · Margarine
für die Form

Preis:
ca. 4,49 DM

Verdünnen Sie den aufgefangenen Kirschsaft mit Mineralwasser, und servieren Sie ihn als Geburtstagsdrink.

1 Die Kirschen abtropfen lassen, dabei den Saft auffangen. Dann die Kirschen mit etwas Mehl bestäuben.

2 Die Margarine mit dem Zucker und den Eiern schaumig rühren. Den Rum unterrühren.

3 Das Mehl mit der Speisestärke und dem Backpulver vermischen. Unter die Masse rühren.

4 Unter 1/3 des Teigs das Kakaopulver rühren. Unter die helle und die dunkle Masse die Kirschen mischen.

5 Die Teige abwechselnd in die ausgefettete Form geben. Die Oberfläche glatt streichen. Im vorgeheizten Backofen bei 180 °C ca. 1 Stunde backen. Die Nadelprobe machen.

6 Den Kuchen etwas auskühlen lassen, aus der Form stürzen und auf einem Kuchengitter völlig erkalten lassen.

Nusskuchen

Zutaten für eine Kranzform von 24 cm Durchmesser
200 g Haselnusskerne · 1 Tafel Vollmilchschokolade
5 Eier · 200 g weiche Butter · 250 g Zucker · 1 Päckchen
Vanillezucker · Saft von 1/2 Zitrone · 2 cl Rum · 125 g Mehl
1 Päckchen Backpulver · 1 Prise Salz
Butter für die Form · Puderzucker zum Bestäuben

Preis:
ca. 5,18 DM

1 Die Haselnüsse fein mahlen. Die Schokolade auf der Rohkostreibe fein raspeln. Die Eier trennen.
2 Die weiche Butter schaumig rühren. Den Zucker, den Vanillezucker und die Eigelbe unterrühren. Dann den Zitronensaft und den Rum hinzufügen.
3 Das Mehl mit dem Backpulver vermischen und unterrühren.

4 Das Eiweiß mit 1 Prise Salz steif schlagen und unterheben.
5 Den Teig in die ausgefette Form füllen und die Oberfläche glatt streichen. Im vorgeheizten Backofen bei 180 °C ca. 40 Minuten backen.
6 Im ausgeschalteten Backofen abkühlen lassen. Aus der Form stürzen und dick mit Puderzucker bestäuben.

Anstelle von Haselnüssen können Sie auch gemahlene Mandeln verwenden. Überziehen Sie den Kuchen mit Schokoladenkuvertüre, und servieren Sie dazu geschlagene Sahne.

Käsekuchen

Zutaten für eine Springform von 26 cm Durchmesser
Teig: 250 g Mehl · 1 Messerspitze Backpulver · 100 g Zucker
125 g weiche Butter · 1 Ei
Belag: 50 g Magerquark · 200 g Zucker · 1 Päckchen
Vanillezucker · 5 Eier · 60 g Mehl · 200 g H-Sahne
Butter für die Form

**Preis:
ca. 4,64 DM**

1 Mehl mit den übrigen Zutaten zu einem Mürbeteig verkneten. Kurz kalt stellen. Dann ausrollen und die gefettete Form damit auskleiden.
2 Den Quark mit dem Zucker, dem Vanillezucker und den Eiern verrühren. Das Mehl darüber sieben und untermischen. Die Sahne steif schlagen und zuletzt unterheben.
3 Den Quark auf dem Teig verteilen und glatt streichen. Im vorgeheizten Backofen bei 175 °C ca. 1 Stunde backen.

Kakao-Keks-Kuchen

Zutaten für eine mittelgroße Kastenform
250 g Kokosfett • 200 g Puderzucker • 4 Eier
100 g Kakaopulver • 1 TL Instantkaffee • 1 Päckchen
Butterkekse • Butterbrotpapier für die Form

Preis:
ca. 3,95 DM

Da dieser Kuchen sehr süß und fettreich ist, sollten Sie ihn in möglichst dünne Scheiben schneiden.

1 Das Kokosfett bei geringer Hitze zerlassen. Dann abkühlen, aber nicht wieder fest werden lassen.

2 Den Puderzucker sieben. Mit den Eiern ganz cremig rühren. Nach und nach das Kakaopulver und den Instantkaffee unterrühren.

3 Das Kokosfett in dünnem Strahl dazugießen und untermischen.

4 Die Kastenform mit Butterbrotpapier auskleiden. Den Boden mit einer Lage Butterkekse auslegen. Etwas Kakaocreme darauf verstreichen.

5 Abwechselnd Butterkekse und Kakaocreme in die Form schichten. Mit einer Lage Kekse abschließen.

6 Den Kuchen mehrere Stunden im Kühlschrank kalt stellen. Dann aus der Form heben, das Butterbrotpapier abziehen und den Kuchen vorsichtig in Scheiben schneiden. Damit die Kekse dabei nicht zerbröckeln, empfiehlt es sich, ein elektrisches Messer oder ein in heißes Wasser getauchtes Brotmesser zu verwenden.

TIPP Weil er nicht im Ofen gebacken werden muss und gut gekühlt erst so richtig schmeckt, wird der Kakao-Keks-Kuchen im Volksmund auch Kalter Hund genannt. Bei der Zubereitung von kalten Kuchen können Kinder mitarbeiten, indem sie beispielsweise die Kekse mit der Kakaocreme in die Form schichten oder die Löffelbiskuits auf der Kuchenplatte verteilen.

*Ein Klassiker,
der auf keinem
Kindergeburtstag
fehlen darf:
»Kalter Hund«.*

Aprikosencharlotte

Zutaten für einen Tortenring von 22 cm Durchmesser
2 Päckchen Puddingpulver mit Vanillegeschmack
75 g Zucker • 1/2 l H-Milch • 1 Dose Aprikosen • 1 Päckchen
Löffelbiskuits • 2–3 EL Aprikosen-Orangen-Nektar

Preis:
ca. 4,07 DM

1 Puddingpulver und Zucker mit 4 Esslöffeln Milch anrühren.
2 Die restliche Milch zum Kochen bringen. Das Puddingpulver unterrühren, nochmals aufkochen, abkühlen lassen.
3 Die Aprikosen abtropfen lassen. Tortenringrand auf eine Kuchenplatte setzen. Den Boden mit Löffelbiskuits auslegen.
4 Die Aprikosen darauf verteilen. Mit dem Nektar beträufeln. Den Pudding darauf verteilen und glatt streichen. Mehrere Stunden kalt stellen. Dann den Tortenring entfernen.

Anstelle von Aprikosen können Sie auch Pfirsiche aus der Dose oder frisches Beerenobst, beispielsweise Himbeeren, verwenden.

Wurstspießchen

Preis:
ca. 3,85 DM

Zutaten für 8 Kinder
1 Ring Fleischwurst (ca. 650 g) • 2 rote Paprikaschoten
1 grüne Paprikaschote • Öl

Servieren Sie zu diesen pikanten Snacks zusätzlich Ketchup. So mögen Kinder »Fastfood« am liebsten.

1 Die Fleischwurst in Scheiben schneiden. Die Paprikaschoten waschen, halbieren und entkernen. In mundgerechte Stücke schneiden.

2 Abwechselnd Wurstscheiben und Paprikastückchen auf Holzspießchen ziehen. Mit Öl bepinseln und im Grill ca. 10 Minuten bräunen.

TIPP Beteiligen Sie die Kinder ruhig an den Vorbereitungen fürs Essen. Lassen Sie sie beispielsweise Wurstscheiben und Paprikastücke auf Spießchen ziehen.

Putenbrustburger

Preis:
ca. 7,24 DM

Zutaten für 8 Kinder
8 Brötchen • einige Blätter Eisbergsalat • 4 Tomaten
125 g Salatcreme • 16 Scheiben gekochte Putenbrust

1 Die Brötchen halbieren und mit der Schnittfläche nach unten auf einem Backblech bei starker Unterhitze kurz rösten.
2 Die Salatblätter und die Tomaten waschen, den Salat klein zupfen und die Tomaten in Scheiben schneiden.

3 Die Brötchenhälften mit der Salatcreme bestreichen. Salatblätter und Tomatenscheiben darauf verteilen.
4 8 Brötchenhälften mit der Putenbrust belegen. Mit den restlichen Brötchenhälften zudecken und zusammendrücken.

Himbeer-Apfel-Bowle

Zutaten für 8 Kinder
500 g frische oder tiefgekühlte Himbeeren • 3 Äpfel
Saft von 1 Zitrone • 1 l Apfelsaft • Mineralwasser

Preis:
ca. 6,39 DM

1 Die Himbeeren verlesen, überbrausen und gut abtropfen lassen. Die Äpfel waschen, halbieren und entkernen. Dann die Äpfel achteln und blättrig schneiden. Mit dem Zitronensaft beträufeln und 15 Minuten ziehen lassen.

2 Die Früchte in ein Bowlengefäß geben und 1/2 Liter Apfelsaft darüber gießen. 1 Stunde ziehen lassen. Dann mit dem restlichen Apfelsaft und Mineralwasser aufgießen. Ein paar Eiswürfel in die Bowle geben.

Geben Sie mit dem Wasser kleine Fruchtstücke in die Eiswürfelbehälter. Das macht die Bowle für Kinder optisch noch interessanter.

Johannisbeerbowle

Zutaten für 8 Kinder
500 g rote Johannisbeeren • 100 g Zucker
1 l schwarzer Johannisbeersaft • Mineralwasser

Preis:
ca. 5,16 DM

1 Die Johannisbeeren überbrausen, abtropfen lassen und mit einer Gabel von den Rispen streifen. In ein Bowlengefäß geben und mit dem Zucker bestreuen.

2 1/4 Liter Johannisbeersaft darüber gießen, 30 Minuten ziehen lassen. Dann mit dem restlichen Saft und Mineralwasser aufgießen. Ein paar Eiswürfel in die Bowle geben.

INFO Kinderbowlen sind für Geburtstagsfeiern praktischer als Milchmixgetränke, da man sie problemlos in größeren Mengen zubereiten kann.

Impressum

© 1998 Südwest Verlag GmbH in der Verlagshaus Goethestraße GmbH & Co. KG, München

2. Auflage 1998

Alle Rechte vorbehalten. Nachdruck – auch auszugsweise – nur mit Genehmigung des Verlags.

Redaktion:
Anja Feise
Projektleitung:
Dr. Alex Klubertanz
Redaktionsleitung und medizinische Fachberatung:
Dr. med. Christiane Lentz
Bildredaktion:
Ute Schoenenburg
Produktion:
Manfred Metzger
Umschlag:
Manuela Hutschenreiter, München
Layout:
Wolfgang Lehner
DTP:
Hubertus von Baer

Printed in Italy
Gedruckt auf chlor- und säurearmem Papier

ISBN 3-517-08014-4

Über die Autorin

Heike Knophius studierte Haushalts- und Ernährungswissenschaften in Gießen. Anschließend war sie lange Zeit als Ressortleiterin für Ernährung bei mehreren großen Frauenzeitschriften tätig. Heute schreibt sie als selbstständige Fachjournalistin über moderne Ernährung. Aus ihrer Feder stammt auch der Ratgeber »Italienische Trennkost«.

Literatur

Fronek, Heidrun: Kochen mit ALDI. Südwest Verlag. München 1998

Kranz, Brigitte: Früchte – der gesunde Genuss. Südwest Verlag. München 1997

Roßmeier, Armin: Fit und gesund durch fettarme Küche. Südwest Verlag. 2. Auflage, München 1997

Roßmeier, Armin/Fronek, Heidrun: Das große Buch der leichten Küche. Südwest Verlag. München 1998

Hinweis

Das vorliegende Buch ist sorgfältig erarbeitet worden. Dennoch erfolgen alle Angaben ohne Gewähr. Weder Autorin noch Verlag können für eventuelle Nachteile oder Schäden, die aus den im Buch gemachten praktischen Hinweisen resultieren, eine Haftung übernehmen.

Bildnachweis

Alle Bilder stammen von Dirk Albrecht, Meinerzhagen, außer:
Image Bank, München: 1 (L. D. Gordon), 4 (Ross Whitaker), 9 (Terje Rakke)